Keel / Staub Hellenismus und Judentum

ORBIS BIBLICUS ET ORIENTALIS

Im Auftrag des Biblischen Instituts
der Universität Freiburg Schweiz,
des Ägyptologischen Seminars der Universität Basel,
des Instituts für Vorderasiatische Archäologie
und Altorientalische Sprachen der Universität Bern
und der Schweizerischen Gesellschaft
für Orientalische Altertumswissenschaft

herausgegeben von
Othmar Keel und Christoph Uehlinger

Zu den Autoren:

Othmar Keel (1937) studierte Theologie, Exegese und altorientalische Religions- und Kunstgeschichte in Zürich, Freiburg i.Ü., Rom, Jerusalem und Chicago. Er ist seit 1969 Professor für Exegese des Alten Testaments und Biblische Umwelt an der Theologischen Fakultät der Universität Freiburg/Schweiz.

Wichtigste Buchveröffentlichungen: Feinde und Gottesleugner (Stuttgart 1969); Die Welt der altorientalischen Bildsymbolik und das Alte Testament (Zürich/Neukirchen 1972, [5]1996; engl. 1978, [2]1997; holländisch 1984); Jahwe-Visionen und Siegelkunst (Stuttgart 1977); Jahwes Entgegnung an Ijob (Göttingen 1978; französisch 1993); Das Hohelied (Zürich 1986; englisch 1994; polnisch 1997; französisch 1997); Das Recht der Bilder, gesehen zu werden (Freiburg Schweiz-Göttingen 1992). Corpus der Stempelsiegel aus Palästina/Israel von den Anfängen bis zur Perserzeit. Einleitung und Katalog Band I (OBO. SA 10 und 13), Freiburg Schweiz-Göttingen 1995 und 1997).
Zusammen mit M. Küchler Autor und Herausgeber von Orte und Landschaften der Bibel. Ein Handbuch und Studienreiseführer zum Heiligen Land. Band I–II (Zürich/ Göttingen 1982 und 1984); zusammen mit H. Keel-Leu, S. Schroer u.a., Studien zu den Stempelsiegeln aus Palästina/Israel I–IV, OBO 67, 88, 100 und 135 (Freiburg Schweiz-Göttingen 1985, 1989, 1990 und 1994); zusammen mit Ch. Uehlinger, Altorientalische Miniaturkunst (Mainz-Freiburg/Schweiz 1990; [2]1996); Göttinnen, Götter und Gottessymbole. Neue Erkenntnisse zur Religionsgeschichte Kanaans und Israels aufgrund bislang unerschlossener ikonographischer Quellen (Freiburg i.Br. 1992, [4]1998 englisch 1998; französich 2000).

Urs Staub (1950) studierte katholische Theologie, Kirchengeschichte, christliche Archäologie, Kunstgeschichte und Ägyptologie in Freiburg i.Ü., Tübingen und München und erwarb 1997 an der Universität Freiburg i.Ü. das Lizentiat in Theologie. Er führte von 1986 bis 1994 die Sekretariate der Eidgenössischen Kunstkommission sowie der Eidgenössischen Kommission für angewandte Kunst und betreute die Kunstsammlungen der Eidgenossenschaft. Seit 1994 steht er der Sektion Kunst und Gestaltung im Bundesamt für Kultur vor und ist für die beiden bundeseigenen Kunstmuseen, das Museum der Sammlung Oskar Reinhart «am Römerholz» in Winterthur und das Museo Vela in Ligornetto, verantwortlich. Seit 1986 leitet er das Sekretariat des Schweizerischen Instituts in Rom, organisiert Kunstausstellungen im In- und Ausland und erarbeitet Aufsätze über ausgewählte Themen der Kunstgeschichte. 1989 Veröffentlichung einer Publikation über das Schweizerische Parlamentsgebäude in Bern.

Orbis Biblicus et Orientalis 178

Othmar Keel / Urs Staub

Hellenismus und Judentum

Vier Studien zu Daniel 7 und zur Religionsnot unter Antiochus IV.

Universitätsverlag Freiburg Schweiz
Vandenhoeck & Ruprecht Göttingen

Die Deutsche Bibliothek – CIP-Einheitsaufnahme

Hellenismus und Judentum: vier Studien zu Daniel 7 und zur Religionsnot unter Antiochus IV. / Othmar Keel / Urs Staub. – Freiburg, Schweiz: Universitätsverlag; Göttingen: Vandenhoeck und Ruprecht, 2000.
(Orbis biblicus et orientalis; 178)
ISBN 3-7278-1321-0
ISBN 3-525-53992-4

Veröffentlicht mit Unterstützung der Schweizerischen Akademie der Geistes- und Sozialwissenschaften, des Hochschulrates der Universität Freiburg Schweiz und des Rektorates der Universität Freiburg Schweiz

Die Druckvorlagen wurden von den Autoren als reprofertige Dokumente zur Verfügung gestellt.

Herstellung: Paulusdruckerei Freiburg Schweiz
ISBN 3-7278-1321-0 (Universitätsverlag)
ISBN 3-525-53992-4 (Vandenhoeck & Ruprecht)
ISSN 1015-1850 (Orb. biblicus orient.)

Alberto de Pury
amico sexagenario

Inhaltsverzeichnis

Vorwort

Zwar gehörte es schon 1895 für Hermann Gunkel «nach einer Arbeit von mehreren Generationen zum sicheren Besitz der theologischen Wissenschaft, dass dies Capitel (scil. Dan 7) unter dem vierten Tiere die Griechenherrschaft, unter dem elften Horn Antiochus Epiphanes und unter dem, was von diesem Horne erzählt wird, die Religionsnot unter Antiochus versteht, und der Verfasser des Buches unter diesem Könige geschrieben hat.»[1]

Dennoch wurde, wie Jürg Eggler in seiner Forschungsgeschichte zu Dan 7 gezeigt hat[2], der traditionsgeschichtliche Hintergrund für Konstellation und Einzelmotive von Daniel 7 weitestgehend im alten Orient gesucht. Das gilt auch für die anderen Kapitel von Daniel 2-7, und zwar bis heute, wie z. B. das 1999 erschienene Buch von Matthias Henze, «The Madness of King Nebuchadnezzar. The Ancient Near Eastern Origins and Early History of Interpretation of Daniel 7»[3], zeigt.

Die Gründe für dieses Phänomen dürften vielfältig sein. Mehr unterschwellig – soweit es sich nicht um fundamentalistische Kreise handelt – dürfte gewirkt haben, dass die erzählte Zeit der Hof Nebukadnezzars mit seiner altorientalischen Staffage ist. Auf der Hand liegt hingegen, dass sehr viele Alttestamentler und Alttestamentlerinnen sich in der altorientalischen Welt erheblich besser auskennen als in der griechisch-hellenistischen. Endlich handelt es sich bei Daniel (und den Makkabäerbüchern) um Texte, die gegen die Verführung bzw. Vergewaltigung durch hellenistische Positionen geschrieben sind. Es schien und scheint unvorstellbar, dass diese Literatur Vorstellungen und Bilder vom «Feind» übernommen hat. Dabei lässt sich in der Geschichte und auch im Einzelleben doch immer wieder feststellen, wie prägend gerade feindliche Gesellschaften und Einzelne aufeinander wirken. Das wird in Kapitel I am Beispiel einer zentralen Vorstellung von Dan 4-5 und 7 demonstriert.

---

1 Schöpfung und Chaos in Urzeit und Endzeit, Göttingen 1895, 325.

2 Influences and Traditions Underlying the Vision of Daniel 7:2-14. The Research History from the End of the 19th Century to the Present (Orbis Biblicus et Orientalis 177), Freiburg/Schweiz-Göttingen 2000.

3 Leiden.

Kapitel II ist der Nachdruck eines Aufsatzes von Urs Staub von 1978 über das vierte Tier. Er ist m. E. nach wie vor die gründlichste Studie zu diesem geheimnisvollen Wesen und zeigt überzeugend, wie intensiv sich das Danielbuch mit einem Element der hellenistischen Propaganda und Kriegsmaschinerie auseinandergesetzt hat.

Kapitel III ist der Versuch, die Religionsverfolgung unter Antiochus IV. weniger von den sehr tendenziösen Positionen des Danielbuchs und der beiden Makkabäerbücher her und etwas stärker aus einem hellenistischen Blickwinkel ins Auge zu nehmen. Das, was Antiochus bekämpfte und zu beseitigen versuchte, war nicht die jüdische Religion, sondern das, was bedeutende Segmente der hellenistischen Welt als Depravationen betrachteten.

Kapitel IV zeigt an einem Beispiel, wie unkritisch fast die ganze historisch-kritische Forschung 1 Makk 2, einen Rechtfertigungs-, Programm- und Propagandatext der hasmonäischen Bewegung, bisher gelesen hat.

Ich danke den Mitgliedern des «Souper biblique» des Departements für Biblische Studien der Universität Freiburg/Schweiz, denen ich alle drei Texte als ersten in Probeläufen vorführen durfte und die mich auf Mängel und Unstimmigkeiten aufmerksam gemacht haben. Ich danke meiner Frau Hildi Keel-Leu, die alle Illustrationen dieses Bandes mit ihrem scharfen Blick für die Eigenart fremder Kulturen und ihrer sicheren Hand gezeichnet hat. Ich danke René Schurte, der Korrektur gelesen, zahlreiche Fehler ausgemerzt und die Texte formatiert hat, und Susanne Müller-Trufaut, die das Bibelstellenregister erstellt hat.

Der kleine Band ist Albert de Pury zum 60. Geburtstag am 22. Dezember 2000 gewidmet. Wir haben uns in den Jahren 1964/1965 an der Ecole Biblique et Archéologique Française in Jerusalem kennengelernt. Seither ist er ein anregender und treuer Freund geblieben. Die tief humanistische Tradition, auch die andere Seite zu hören, hat ihn früh mit israelischen, dann aber auch mit palästinisch-arabischen Positionen in Kontakt gebracht. Mit Hilfe von Peter Frei, Erik Hornung und Hans Heinrich Schmid haben wir 1977 die «Schweizerische Gesellschaft für Orientalische Altertumswissenschaft» gegründet, deren Ziel es war, die Vertreter und Vertreterinnen der verschiedenen Disziplinen, vor allem der Ägyptologie, der Assyriologie und der Bibelwissenschaft, miteinander ins Gespräch zu bringen. Als Vertreter eines theologischen Humanismus war er stets besorgt über den engen eigenen Garten hinauszublicken und hinauszuwirken, was ihm u. a. mit seinen ebenso tief theologischen wie tief menschlichen Cartoons hervorragend gelungen ist. Ich freue mich sehr, ihm diese kleine Geburtstagsgabe überreichen zu können, von der ich annehme, dass ihr Anliegen den seinen entgegenkommt.

Freiburg/Schweiz, 10. Oktober 2000 Othmar Keel

I

OTHMAR KEEL

DIE TIERE UND DER MENSCH IN DANIEL 7*

* Der Text wurde zuerst im Rahmen des Interdisziplinären Kolloquiums «Europa, Tausendjähriges Reich und Neue Welt. Zwei Jahrtausende Geschichte und Utopie in der Rezeption des Danielbuches», 15.–18. März 2000, in Freiburg/Schweiz vorgetragen. Er ist hier erstmals veröffentlicht.

Ich danke den Kollegen Mariano Delgado und Edgar Marsch, beide Freiburg/Schweiz, für die Einladung, diesen Vortrag zu halten, und den Kollegen John J. Collins, Chicago, Klaus Koch, Hamburg, und Bernd Janowski, Tübingen, für Anregungen und Literaturhinweise.

Seinen Namen hat das Danielbuch von einer Gestalt, die sich bis in die Texte von Ugarit (am östlichen Mittelmeerufer, nahe der syrisch-türkischen Grenze) ins 14. Jh. v. Chr. zurückverfolgen lässt[1] und die ungewöhnliches Wissen und exemplarische Gerechtigkeit charakterisieren (vgl. auch Ez 14,13f.19f; 28,3).[2] Diese Figur spielt im biblischen Buch «Daniel» als Traumdeuter und Visionär, also als Theologe und nicht als Beamter nicht-jüdischer Herrscher[3], die Hauptrolle.

Das Buch hat zwei hebräische und einen aramäischen Teil.[4] Die beiden hebräisch geschriebenen Teile rahmen den aramäisch geschriebenen Teil ein, der Dan 2,4b-7,28 umfasst, vereinfacht Dan 2-7. Ich werde meine Untersuchung auf diesen Teil des Buches beschränken. Dabei ist zu beachten, dass Dan 7 in der Endfassung zwar eine Scharnierfunktion zwischen den Teilen 2-7 und 8-12 innehat, ursprünglich und in seiner Art aber doch wesentlich zu 2-7 gehört, wie u. a. Jean Burnier-Genton gut herausgearbeitet hat.[5]

1. Aufbau, Inhalt und einige Traditionen von Daniel 2-7

Der aramäische Teil des Danielbuchs hat einen deutlich chiastischen Aufbau.

A 2 Traum Nebukadnezzars und seine Deutung durch Daniel: Kompositstatue aus Gold, Silber, Bronze, Eisen und mit Ton vermischtem Eisen und ihre Zerstörung durch einen Stein, der sich von selbst vom Berge löst, die Statue zertrümmert und seinerseits zum Weltenberg wird. V. 20-23 Doxologie Daniels und V. 47 Doxologie Nebukadnezzars.

B 3 Weigerung dreier Freunde Daniels, das von Nebukadnezzar errichtete Standbild zu verehren, Verurteilung zum Feuerofen und Rettung aus diesem. V. 28-33 Doxologien Nebukadnezzars.

C 4 Traum Nebukadnezzars und seine Deutung durch Daniel: Weltenbaum (vgl. Ez 31), der umgehauen wird, dessen Men-

1 Vgl. den Text KTU 1,17-19 Aqhat, Danilu; Dietrich/Loretz 1997: 1254-1305, bes. 1278, 1286-1289, 1306, 1310f, 1315.

2 Day 1980; Burnier-Genton 1993: 91-98.

3 So Henze 1999a.

4 Koorevar 1999.

5 Burnier-Genton 1993: 47-68.

schenherz durch ein Tierherz ersetzt wird (V. 13), der sich aber aus seinem Wurzelstock regeneriert; Hybris Nebukadnezzars, Vertierung und Wiedererlangung des Verstandes (V. 31 und 33). V. 31b-32 und 34 Doxologien Nebukadnezzars.

C' 5 Gastmahl Belschazzars, Profanierung der Tempelgeräte, Schrift an der Wand und Deutung durch Daniel, der an das Schicksal Nebukadnezzars erinnert, dessen Herz mit den Tieren war und der bei den Onagern hausen und mit den Wildstieren Gras fressen musste (V. 21). Belschazzar bleibt, obwohl er das alles weiss, überheblich. Keine Doxologie.

B' 6 Die auf Daniel eifersüchtigen Beamten des Meders Darius bringen Daniel in die Löwengrube[6], weil er Bitten an seinen Gott statt an den König richtet. Ein Engel verschliesst die Rachen der Löwen. V. 26-28 Doxologie des Darius.

A' 7 Traum-Vision Daniels und ihre Deutung im ersten Jahr Belschazzars: Vier Tiere (Löwe mit Geierflügeln, Bär, Panther mit vier Flügeln und Köpfen und ein furchtbares, ganz anderes Tier, evtl. Kriegselefant, mit 10 Hörnern und einem kleinen Horn), kommen aus dem von den vier Winden aufgewühlten Meer. Dem Löwen werden die Geierflügel ausgerissen, er wird auf die Hinterbeine gestellt und erhält ein menschliches Herz (V. 4). Gericht vor dem Hochbetagten auf dem Flammenthron. Das Tier mit dem anmassenden Horn wird getötet; auch den anderen Tieren wird die Herrschaft genommen und einem «wie ein Mensch» gegeben, der mit den Wolken des Himmels kommt und die Herrschaft in Ewigkeit behalten soll. Die Deutung identifiziert die vier Tiere als vier irdische Könige (V. 17). V. 23 aber heisst es: Das vierte Tier bedeutet ein viertes Reich. Das freche Horn ist ein König, der die Heiligen unterdrückt. Dieser wird gerichtet. Die Herrschaft wird den Heiligen des Höchsten gegeben. Sein Reich ist ein ewiges Reich.

Wie sich leicht feststellen lässt, ist in diesen sechs Kapiteln sehr heterogenes Material zu einer symmetrischen Komposition verarbeitet worden. Das Ganze erinnert an eine aus antiken Spolien erbaute Kreuzfah-

---

6 Cassin 1987: 131-166; van der Toorn 1998 (Dan 6 transformiert die metaphorische Rede von Beamten, die sich unter ihren neidischen Kollegen wie in einer Löwengrube befinden, in äussere Realität).

rerburg. Die Botschaft der chiastischen Struktur lautet: Weil der Gott Daniels der einzige Gott ist, der am Ende ewig herrschen wird (A und A'), werden die Unterdrückten, die ihn fürchten, ebenso aus jeder Not errettet (B und B'), wie die Mächtigen, die ihn nicht fürchten, ihre Macht schnell verlieren (C und C').

2. Das in Dan 7,2-14 verwendete mythische Muster (Pattern, Konstellation)

Bei der Frage nach der religionsgeschichtlichen Herkunft des Materials, das hier verarbeitet wurde, konzentriere ich mich auf Kapitel 7.

Bei diesem Kapitel wird seit 100 Jahren nach der Herkunft des Musters gesucht, das ihm zugrundeliegt.[7]

Der erste systematische Versuch scheint der gewesen zu sein, den Hermann Gunkel 1895 vorgelegt hat. In seinem «Schöpfung und Chaos in Urzeit und Endzeit» versucht er das Symbolsystem von Dan 7 vor dem Hintergrund des akkadischen Schöpfungsepos «Enuma elisch»[8] zu sehen. Dieses Siebentafel-Epos stellt dar, wie der Hauptgott von Babylon, Marduk, das aggressive Chaos überwindet und so zum Götterkönig wird. Es dürfte am Ende des 12. Jh. v. Chr. entstanden sein. Aus der Zeit zwischen 750 und 300 v. Chr. sind aus Mesopotamien zahlreiche Kopien zutage gekommen.[9] Wieder bekannt geworden ist das Epos 1876 durch George Smiths «Chaldean Account of Genesis». H. Gunkel benutzte eine Bearbeitung und Übersetzung von Heinrich Zimmern, die in seinem Buch in einem Appendix erscheint. Gunkel referiert bei seiner Deutung von Dan 7[10] zuerst den Inhalt des Kapitels und bezeichnet es als sicheren Besitz von mehreren Generationen, «dass dies Capitel unter dem vierten Tier die Griechenherrschaft, unter dem elften Horne Antiochus Epiphanes und unter dem, was von diesem Horne erzählt wird, die Religionsnot unter Antiochus versteht, und dass der Verfasser des Buches unter diesem König geschrieben hat» und sein Zweck darin bestanden habe, die Unterdrückten zu trösten.[11]

7 Armistead 1998; Eggler 2000.
8 Lambert 1994; vgl. auch ders. 1980: 71f.
9 Lambert 1994: 569.
10 Gunkel 1895: 323-335; vgl. Collins 1993: 289 und 283f.
11 Gunkel 1895: 325.

Das Kapitel dürfte also um 165 v. Chr. entstanden sein. Manche Details lassen sich nach Gunkel zwar schlüssig als Allegorien auf Vergangenheit und Gegenwart des Seleukidenreiches deuten und verleihen so während der Religionsverfolgung von 167–164 v. Chr. dem Trost für die Zukunft Glaubwürdigkeit. Darüberhinaus aber hätten manche Details so gesehen keinen Sinn, etwa die Herkunft der Tiere aus dem Meer, der Wind, der dieses aufwühlt, die Behandlung des ersten Tieres, das Fehlen einer bestimmten Tiergestalt für das vierte Reich, das Kommen des Menschensohns mit den Wolken des Himmels usw. «Fasst man den Eindruck, den diese Argumente machen, zusammen, so folgt, dass Dan 7 nicht eine vom Schriftsteller erfundene Allegorie, sondern ein von ihm übernommener und allegorisierter Stoff ist».[12]

Gunkel sieht mit der exegetischen Tradition, dass Tiere, die aus dem das Chaos repräsentierenden Meer emporsteigen und irgendwelche Reiche bedeuten, im Alten Testament vielfach belegt sind. Er führt als Beispiele unter anderen Jes 30,7[13], Ez 29,3[14], Jes 27,1[15] und Ps 74,13f[16] an.[17] Gunkel zählt dann eine ganze Reihe von Punkten auf, in denen Dan 7 mit anderen alttestamentlichen Texten dieser Tradition übereinstimmt. Es sind Tiere (Ps 68,31; 4. Esra 6,49f), die aus dem grossen Meer (Jes 51,10; Ps 74,13f; Ijob 3,8; 7,12) hervorsteigen (Apok Bar 29,4). Die Tiere führen ein Regiment des Schreckens (Ps 68,31; Jes 27,1; Ps 74). Gotteslästerung ist ein ständiger Zug im Chaosmythos (Ps 74,18; Ez 29,3).[18]

---

12 Gunkel 1895: 328.

13 Ägypten als stillgelegte Rahab. Zu Rahab als Meerungeheuer vgl. Jes 51,9; Ps 89,11; Ijob 9,13 und weiter HAL IV 1112f; K. Spronk, DDD[2] 684-686.

14 Der Pharao als Tannin (Krokodil) in seinen Flussarmen; zu Tannin als Meerungeheuer vgl. Gen 1,21; Jes 27,1; 51,9; Ps 74,13; 148,7; Ijob 7,12; Jer 51,34 Bild für Nebukadnezzar; vgl. weiter HAL IV 1624; G. C. Heider, DDD[2] 834-836.

15 Leviatan, die flüchtige, die geringelte Schlange, und der Drache (Tannin) im Meer als Verkörperungen der die Welt beherrschenden Mächte; zu Leviatan vgl. HAL II 498; C. Uehlinger, DDD[2] 511-515.

16 Hier stehen die Ungeheuer wahrscheinlich parallel zur babylonischen Macht, die 587 v. Chr. den Tempel zerstört hat.

17 Gunkel 1895: 328. Diese und verwandte Texte sind im Folgenden immer wieder zusammengestellt und interpretiert worden, so z. B. durch Kaiser 1959; Wakeman 1973; Norin 1977: 42-76; Day 1985; Kloos 1986 u. a.

18 Zum Einfluss alttestamentlicher Motive auf die Exegese von Dan 7,2-8 vgl. Eggler 2000: 28-42.

Nebst solchen im Alten Testament weithin anzutreffenden Elementen finden sich andere, die dort sonst nicht zu finden und auch nicht eindeutig allegorisch und so *ad hoc* erfunden sind. Sie müssen auf eine andere Tradition zurückgehen, so der Zug, dass das vierte Tier zehn Hörner hat, dass es im Feuer verbrannt wird, dass ein Mensch mit den Wolken kommt, dass die oberste Autorität als «Uralter» bezeichnet wird und dass dieser auf einem Feuerthron sitzt. Gunkel führt diese Züge, die sich weder in der alttestamentlichen Tradition finden, noch der allegorisierenden Tätigkeit des Verfassers zugeschrieben werden können, nicht explizit auf «Enuma elisch» zurück, weil er sich primär mit Gen 1 und Offb 12 beschäftigt, aber er stellt generell «Enuma elisch» doch als Hintergrund von Dan 7 dar, weil zu seiner Zeit kein anderer Text zur Verfügung stand.[19]

Als die Ausgrabungen von Ugarit 1929 die Texte eines bzw. mehrerer kanaanäischer Baalsmythen aus dem 14. Jh. v. Chr. zutage gefördert hatten, die u. a. von einem Kampf Baals mit Jam, dem Meergott, und verschiedenen Meerungeheuern, u. a. einem namens Lotan oder Litanu, erzählen[20], trat «Enuma elisch» als Referenztext von Dan 7 in den Hintergrund. Manche Einzelheiten von Dan 7 haben in dieser Tradition bessere Parallelen als in «Enuma elisch». Ja, Thorkild Jacobsen hat wahrscheinlich gemacht, dass der Kampf zwischen Marduk und Tiamat ein Motiv ist, das auf nordwestsemitische Traditionen zurückgeführt werden kann, die u. a. durch die Texte von Ugarit bezeugt sind.[21] Zusammenhänge zwischen den neu entdeckten Baalsmythen aus Ugarit und Dan 7 hat als einer der ersten Otto Eissfeldt gesehen und aufgezeigt.[22] Besonders das Nebeneinander des Alten der Tage und des Menschensohnes, der mit den Wolken kommt, scheint die Konstellation von El als dem «Vater der Jahre» (*ʾab šnm*) und von Baal, dem Wolkenreiter (*rkb ʿrpt*) aufzunehmen und abzuwandeln.[23] Der «Uralte» (*ʿattiq jomin*), der ab dem 11./12. Jh. n. Chr. als «Gottvater» im

19 Zum babylonischen Einfluss auf Dan 7,2-8 bei späteren Exegeten vgl. Eggler 2000: 3-7.

20 Dietrich/Loretz 1997, bes. 1118-1134 (KTU 1.2) und 1174-1184 (KTU 1.5).

21 Jacobsen 1968: 104-108.

22 Eissfeldt 1932: 25-30.

23 Emerton 1958.

christlichen Abendland ungeheuer populär wurde[24], ist im Alten Testament singulär.[25] Anspielungen auf den, der mit den Wolken kommt, sind noch noch in Ps 68,5 und Jes 19,1 zu finden.[26] Der Einfluss der Traditionen der Texte von Ugarit auf Dan 7 und mögliche Traditionswege haben eine breite Debatte ausgelöst.[27] Niemand denkt daran, dass der Verfasser von Dan 7 die ugaritischen Texte gekannt habe. Aber die Traditionen, die sie bezeugen, liefern zur Zeit das beste Beispiel für das *pattern*, das in Dan 7 verwendet wurde.[28] Das Muster der zwei himmlischen Mächte, von denen die eine mehr die ferne Autorität, die andere die aktive Hilfe repräsentiert, ist ikonographisch im 13. und 12. Jh. v. Chr. belegt für den ägyptischen Sonnengott und den von ihm geliebten Seth/Baal, der für ihn die Apophisschlange bekämpft,[29] oder in der Reiseerzählung des Wenamun aus dem 11. Jh. v. Chr., wenn der Fürst von Byblos seinem ägyptischen Besucher sagt: «Glaub mir, Amun rumort im Himmel, seit er Seth in seine Zeit gelassen hat.»[30] Das Verhältnis zwischen Amun und Seth geht aus diesem Satz nicht klar hervor. Er ordnet aber jedenfalls den höchsten Gott Amun, der eher im Hintergrund steht, dem Sturm- und Kampfgott Seth zu, der im Vordergrund

---

24 Interessant ist, dass Gottvater als von Christus unabhängige Person und unabhängig von alttestamentlichen Vorbildern (z. B. den drei Männern bei Abraham in Gen 18) in Gestalt eines bärtigen Alten erst so spät in der christlichen Kunst erscheint (Braunfels 1970). So lange hat das Verbot, Gott bildlich darzustellen, gewirkt.

25 Am ehesten lässt sich mit dieser Gestalt noch *ʾel ʿolam* (Gen 21,33) vergleichen. Vgl. dazu A. de Pury, DDD[2] 289, der vorschlägt, den Ausdruck mit «El/God, the Eternal/Everlasting/Ancient one» zu übersetzen und zum Vergleich Jes 40,28 und Jer 10,10 heranzieht. Er weist darauf hin, dass *ʿolam* speziell ein Attribut von Sonnengottheiten ist.

26 HAL IV 1149.

27 Gut referiert bei Collins 1993: 286-294; vgl. auch Eggler 2000: 9-14, 58-70.

28 Zu iranischen Einflüssen, die schon zu Beginn des 19. Jh. in Erwägung gezogen wurden s. Collins 1993: 282f; Eggler 2000: 18-19, 71-76; H.S. Kvanvig (1981 und 1988: 389-441) hat versucht, «Die Unterweltsvision eines assyrischen Kronprinzen» (von Soden 1936) als Referenztext von Dan 7 zu etablieren. Der Versuch muss aber als gescheitert angesehen werden (Collins 1993: 284-286; Eggler 2000: 23-26, 84-86; zu weiteren alttestamentlichen Thronvisionen und der «Unterweltsvision» vgl. Hartenstein 1997: 205-216).

29 Keel 1992: 247f Abb. 226-227 und 229-230.

30 Reiseerzählung des Wenamun 2.19; Einleitungsfragen behandelt und eine Übersetzung bietet Moers 1995; Übersetzung S. 918.

agiert. Ein höchster Gott im Hintergrund und Jahwe im Vordergrund könnte auch der singulären, schwer datierbaren Passage in Dtn 32,8f zugrundegelegen haben. Noch in der «Phönizischen Geschichte» des Philo von Byblos am Ende des 1. oder zu Beginn des 2. Jh. n. Chr. findet man diese Konstellation, wenn er sagt, Astarte und Zeus, der König der Götter, hätten mit der Zustimmung von Kronos über die Erde geherrscht.[31]

Manche Punkte bleiben allerdings auch so ohne Traditionshintergrund, z. B. die Art und Gestalt der vier Tiere, die aus dem Meer emporsteigen, und die Bezeichnung dessen, der mit den Wolken kommt, als «Menschensohn» bzw. weniger biblizistisch als «Mensch». Besonders dieses letzte Element ist in der Tradition von den zwei Mächten ohne Rückhalt.

3. Die vier Tiere

Die vier Tiere entsteigen nach Dan 7,2f dem von den vier Winden aufgewühlten Meer. Seit Gunkel sieht man darin zuerst in Anlehnung an «Enuma elisch» und später an den Kampf Baals mit Jam und unter Verweis auf alttestamentliche Chaoskampftexte wie Ps 74,12-15; 89,10f eine Andeutung auf die Herkunft der vier Könige bzw. Reiche aus dem Chaos.[32] Jean Burnier-Genton und Klaus Koch machen aber mit Recht darauf aufmerksam, dass die Texte von Dan 2-7 politische Macht nicht *a priori* als chaotische Macht präsentieren. Die Winde über dem Meer erinnern an Gen 1,2 und damit an einen Schöpfungsvorgang.[33] John J. Collins sieht die Nähe der beiden Stellen auch, bemerkt aber: Gen 1,2 «lacks the turbulence of Daniel's vision».[34] Das *m^{e}raḥæfæt* in Gen 1,2 drückt aber auch eine heftige Bewegung aus (vgl. Dtn 32,11). Jean Burnier-Genton hat mit Recht darauf hingewiesen, dass die mit der Wurzel *gwḥ* beschriebene Tätigkeit der Winde in Dan 7,2 in mehreren Texten den Vorgang der Geburt beschreibt (Ijob 38,8) bzw., wenn es sich um eine Kausativform handelt, die Veran-

31 Zitiert bei Eusebius, Praeparatio Evangelica 1.10.10.31f; Attridge/Oden 1981: 55; zu Kronos = El siehe ebd. 62f.

32 Belege bei Koch 2000: 49 Anm. 12

33 Burnier-Genton 1993: 150-160; Koch 2000: 46-49 und 53.

34 Collins 1993: 294.

lassung derselben (Ps 22,10).[35] Die *ruaḥ*, die in Ez 37,9 von den vier *ruḥot* her bläst, entbehrt nicht einer gewissen Turbulenz und bringt doch Leben in die Ebene voller Totengebeine. Das Meer in Dan 7,2f hat man am ehesten in Analogie zum Meer in Ps 104,25f zu sehen[36], wo Schiffe und Leviatan sich gleichzeitig in ihm bewegen. Meer und Winde sind Teil der gottgeschaffenen Welt; ein bedrohlicher Aspekt ist dennoch nicht zu übersehen.

Die vier Tiere verkörpern vier Könige (Dan 7,17) bzw. vier Reiche (Dan 7,23). Die Darstellung von Königen bzw. Reichen durch Tiere ist eine in verschiedenen alttestamentlichen Schriften anzutreffende Praxis, besonders häufig ist sie bei Ezechiel, einer Schrift, die Dan 2-7 auch sonst nachweislich stark beeinflusst hat. In Ez 17,3 und 7 erscheinen Nebukadnezzar und Psammetich II. als gewaltige Geier. In Ez 19 wird die judäische Königsfamilie als Löwenfamilie dargestellt, in Ez 29,3 der König von Ägypten als Krokodil.

Seitdem im 19. Jh. durch Reiseberichte und Ausgrabungen die altorientalische Kunst wieder ins Bewusstsein trat, hat man beim Löwen mit zwei Geierflügeln[37] oder beim Panther mit vier Vogelflügeln und vier Köpfen von Dan 7,4 bzw. 7,6 an altorientalische Mischwesen gedacht, bzw. an *formae monstrosae*, wie ein Kommentator von 1850 sich ausdrückt.[38]

Schauen wir uns zuerst den Löwen mit Geierflügeln etwas näher an.[39] Im Hinblick auf ihn wird meist unsorgfältig und ungenau auf irgendwelche Mischwesen verwiesen. So nennt z. B. Mathias Delcor in seinem auf weite Strecken ausgezeichneten Daniel-Kommentar als Beleg für geflügelte Löwen zwei Torkolosse aus Nimrud im Britischen

---

35 Burnier-Genton 1993: 153.

36 Zu Jam vgl. F. Stolz, DDD^2 737-742; zur Ähnlichkeit zwischen Dan 7,2 und Ps 104,25f vgl. Gardner 1999.

37 Die Übersetzungen und Kommentare reden zwar, soweit ich sehe, durchwegs von Adlerflügeln. Das beginnt mit der Septuaginta, die dem Löwen πτερὰ ὡσεὶ ἀετοῦ zuschreibt. Hebr. *næšær* bzw. aramäisch *n^{e}šar* bezeichnen aber eindeutig den Geier (Keel/Küchler/Uehlinger 1984: 154-157). Der Adler war dem alten Orient praktisch unbekannt. Erst mit den Griechen hält er Einzug im Nahen Osten.

38 Collins 1993: 296; zu Versuchen die vier Tiere von ikonographischen Vorbildern her zu verstehen vgl. Eggler 2000: 42-54.

39 Zu Verweisen in der exegetischen Literatur auf ikonographische Parallelen zum geflügelten Löwen vgl. Eggler 2000: 42-45.

Museum.[40] Schaut man sich die Kolosse an, sieht man, dass der eine zwar einen Löwenleib und riesige Flügel, aber einen Menschenkopf hat. Der andere ist aus Stierleib, Flügel und Menschenkopf zusammengesetzt. Von einem Löwen ist also keine Spur zu finden. Die gleiche Sorglosigkeit beim Umgang mit Bildern findet man auch noch 25 Jahre später bei Dieter Bauer. Als Beispiele für geflügelte Löwen führt er zwei spätluwische Reliefs aus dem 9. Jh. v. Chr. aus Nordsyrien, die geflügelte Löwen mit zusätzlich einem Menschenkopf zeigen, und Löwe und Schlangendrache aus dem 6. Jh. v. Chr. vom Ischtartor in Babylon an. Der Löwe hat keine Flügel. Der Schlangendrache hat vom Löwen bestenfalls die Vordertatzen. Er ist zudem ohne Flügel.[41]

Auch der sonst so gut dokumentierte John Collins behauptet: «Winged lions are familiar from Assyrian and Babylonian art»[42] und erwähnt in einer Fussnote, dass «The winged lions from Nimrud were first adduced by Hitzig»[43]. Auf der folgenden Seite schränkt Collins aufgrund eines Artikels von Urs Staub aber ein und korrigiert: «The winged lion is attested in Near Eastern art but not as frequently as sometimes claimed.[44] Winged *Mischwesen*, with human faces, are more familiar, especially in Assyrian art, and these are sometimes referred to as winged lions.»[45] Der von Collins zitierte Urs Staub hat 1978 gezeigt, dass es geflügelte Löwen in der mesopotamischen Kunst so gut wie gar nicht gibt.[46] Ausgedehnte Nachforschungen haben gerade mal zwei Beispiele aus der Miniaturkunst des 1. Jt. v. Chr. zutage gefördert, ein neuassyrisches Rollsiegel in Brüssel[47] und ein perser-

---

40 «La première bête, qui est un lion ailé, se rencontre effectivement dans maintes reproductions de l'art assyro-babylonien. On connaît, par example, les lions ailés colossaux en pierre qui gardaient l'entrée des palais d'Assurbanipal à Nimroud (cf. Pritchard, ANEP, nos. 646-647)» (Delcor 1971: 145).

41 Bauer 1996: 147-149 mit Abb. 19-22.

42 Collins 1993: 296.

43 Hitzig 1850: 102.

44 Er verweist hier auf Staub 1978: 354.

45 Collins 1993: 297. Hier verweist er auf Delcor 1971: 145. Delcor steht da in einer langen Tradition, wie Staub 1978: 354 Anm. 10 zeigt.

46 Staub 1978: 354 Anm. 10.

47 Speelers 1917: 182 Nr. 553 = **Abb. 1**. Selbst hier ist, bes. bei dem Tier rechts, nicht ganz sicher, ob es sich nicht eher um einen Löwendrachen mit Raubvögelfüssen und Hörnern als um einen geflügelten Löwen handelt.

Abb. 1 (S. 10 Anm. 47)

Abb. 2 (S. 13 Anm. 48)

Abb. 3 (S. 13 Anm. 49)

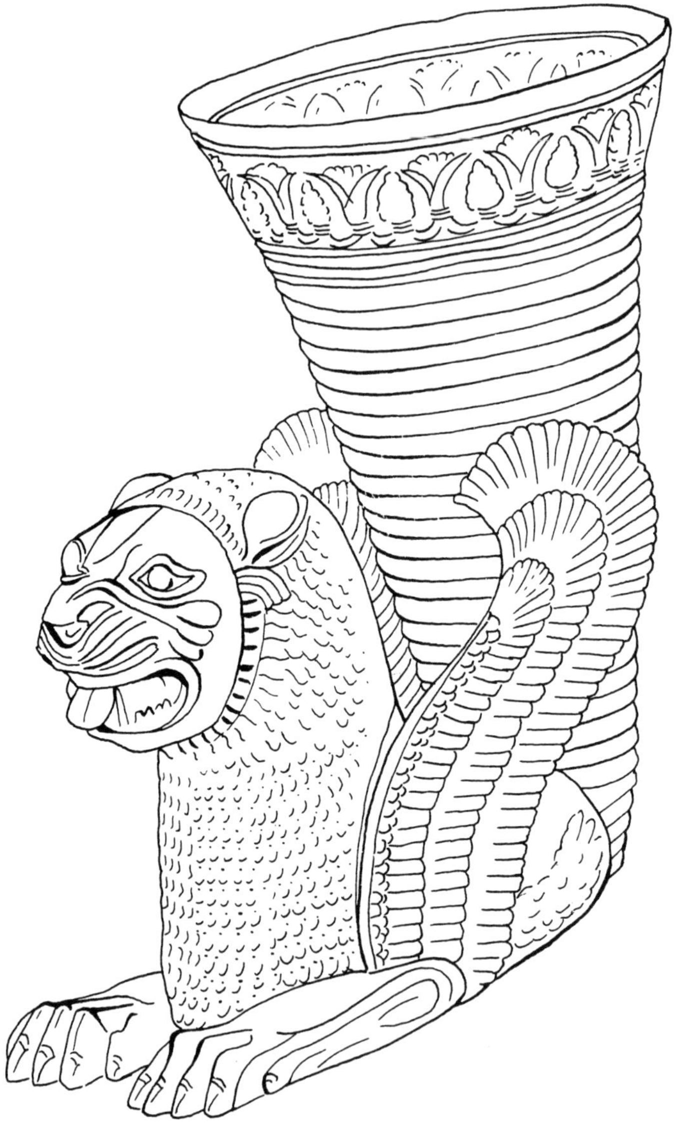

Abb. 4 (S. 13 Anm. 49)

zeitliches Stempelsiegel in der Bibliothèque Nationale in Paris.[48] Klaus Koch hat mich zusätzlich auf einige wenige Darstellungen geflügelter Löwen in der iranischen Kunst aufmerksam gemacht.[49] Angesichts der ungeheuren Vielfalt geflügelter Mischwesen sind die wenigen Belege ein krasser Negativbefund, zudem steht keiner der iranischen Löwen auf den Hinterbeinen.

Bei dem auf die Hinterbeine gestellten Löwen verweist Dieter Bauer auf Einlegearbeiten (Intarsien) einer der Leiern aus den Königsgräbern von Ur aus der Mitte des 3. Jt. v. Chr. Auch hier ist der Löwe ungeflügelt.[50] Häufig auf den Hinterbeinen stehend erscheint der sogenannte Löwendrache oder Löwengreif, ein Mischwesen mit dem Leib und den Vorderpranken eines Löwen, den Hinterbeinen, dem Schwanz und den Flügeln eines grossen Vogels und einem Felidenkopf mit Hörnern oder langen, gespitzten, aufrecht stehenden Ohren. Er ist von der Akkadzeit im letzten Drittel des 3. Jt. bis in die neubabylonische Zeit belegt.[51] Nach F. A. M. Wiggerman dürfte dieses Wesen akkadisch *ūmu nā'iru* «weather-beast-with-opened-mouth/roaring weather beast», «Wettertier mit offenem Maul/brüllendes Wettertier» geheissen haben.[52] Der geflügelte Löwe von Dan 7 hat mit ihm nichts zu tun. Das Stehen auf den Hinterbeinen hat mit der Verwandlung des Löwen in einen Menschen zu tun.

---

48 Delaporte 1910: Pl. 38,623 = **Abb. 2**. E. A. Braun-Holzinger 1987-1990: 97: «Der mit zwei Flügeln versehene Löwe ist selten belegt.» Sie bringt ganz wenige Beispiele aus dem 3. Jt. (frühdynastische Tierreihen) und der mitannisch-mittelassyrischen Glyptik (2. Jt. v. Chr.).

49 Die zusätzlichen Belege, auf die mich Klaus Koch verdankenswerter Weise in einem e-mail vom 20. März 2000 aufmerksam gemacht hat, sind: Ghirshman 1964: Abb. 125 = **Abb. 3** (ein Goldgefäss des 7./6. Jh. v. Chr. aus Hamadan?); Abb. 290 = **Abb. 4** und 306 (Goldrhytha in Form von Protomen geflügelter Löwen des 5. Jh. v. Chr. aus Hamadan?); bei allen drei Stücken handelt es sich um solche aus dem Handel, deren Echtheit nicht über alle Zweifel erhaben ist. Bei den anderen Belegen haben wir es mit Löwen ohne Flügel zu tun (Abb. 127), mit Löwengreifen oder -drachen (Abb. 36, 191 und 379) oder mit Belegen, die für das Danielbuch zu spät sind (Abb. 459; 3. Jh. n. Chr.).

50 Das gilt auch für die zahlreichen Löwen, die im Kampf mit einem Helden oder einem Tier auf den Hinterbeinen aufrecht stehend dargestellt werden. Collins 1993: 297 Anm. 171 weist dafür auf Weber 1920: Nos. 15, 17, 64, 101 etc.

51 Braun-Holzinger 1987-1990: 97-99; Green 1993-1997: 258.

52 Wiggerman 1992: 185.

Die Kombination von Löwe und Geierflügeln dürfte seinen Grund darin haben, dass das erste Tier dem goldenen Kopf der Kompositstatue von Dan 2 entspricht und Nebukadnezzar (bzw. sein neubabylonisches Reich) repräsentiert. Nebukadnezzar wird in Dan 2-7 recht positiv dargestellt. Löwe und Geier charakterisieren bereits im Klagelied Davids um Saul und Jonatan König und Kronprinz, wenn es dort heisst, sie seien schneller als Geier und stärker als Löwen gewesen (2 Sam 1,23). Die Stärke des Löwen zeigte sich darin, dass er jedes Tier Palästinas, auch den Wildstier, überwältigen konnte. Nebukadnezzar wird in Jer 4,7; 49,19 und 50,17 einem Löwen verglichen. In Ez 19 ist es die davidische Dynastie, die – allerdings wenig positiv – als Löwenfamilie vorgestellt wird.[53] In Ez 17,3 wird Nebukadnezzar geschildert als: «Der grosse Geier mit grossen Schwingen, mit langen Flügeln, mit vollem Gefieder, mit bunten Federn ...». Das bunte Gefieder erinnert an farbenfrohe ägyptische Gänsegeierdarstellungen.[54] Von den Chaldäern, wahrscheinlich den Soldaten Nebukadnezzars, heisst es in Hab 1,8: «Sie fliegen wie der Geier, der eilig zum Frass kommt.» Der Topos von der sprichwörtlichen Schnelligkeit der Geier dürfte auf dem Phänomen beruhen, dass Geier in grossen Abständen in grosser Höhe zu kreisen pflegen und dabei von Beobachtern nicht wahrgenommen werden. Lässt sich einer zu einem Aas nieder, sehen das die andern und folgen ihm. So kommen in kürzester Zeit zahlreiche Geier bei einem Aas zusammen. So entsteht der Eindruck wunderbarer Schnelligkeit.[55]

Die Feststellung, dass beim geflügelten Löwen von Dan 7 nicht die Ikonographie, wenigstens nicht im engeren Sinne, höchstens das Phänomen «Mischwesen», Pate gestanden hat, wird durch das zweite Tier bestätigt, den Bären.[56] Der Bär (*dob*) wird im Alten Testament 12mal genannt, achtmal zusammen mit dem Löwen.[57] Das zeigt, dass es von der biblischen Tradition her naheliegend ist, auf den Löwen den Bären folgen zu lassen. Der Bär in Dan 7 geht wie der (bekehrte) Löwe

53 Botha 1999.

54 Aldred 1971: Pls. 54 (Königin Ahotep), 92, 96, 102, 103 (Tutanchamun). Abbo et al. 1987: 251 Fig. 87 (um 860 a).

55 Vgl. Keel/Küchler/Uehlinger 1984: 158 Abb. 84.

56 Zu Verweisen in der exegetischen Literatur auf ikonographische Parallelen zum Bären vgl. Eggler 2000: 45-47.

57 1 Sam 17,34.36.37; Jes 11,7; Hos 13,8; Am 5,19; Spr 28,15; Klgl 3,10; vgl. Sir 25,16f.

aufrecht. Er hat also noch eine gewisse Menschenähnlichkeit.[58] Das ist vom unmittelbaren Kontext bestimmt. In der altorientalischen und altägyptischen Ikonographie erscheint der Bär in einer Reihe von Zusammenhängen. Aber er ist weit davon entfernt, ein fester Topos mit einer bestimmten Form und einem bestimmten Inhalt zu sein.[59] Löwe und Bär erscheinen im Alten Testament zusammen als Bedrohung der Herden (1 Sam 17,34.36-37). Die Gefährlichkeit des Bären für den Menschen illustriert 2 Kön 2,24.

Nach Hos 13,7f wird JHWH für das überheblich gewordene Israel zu einem Löwen, zu einem Panther, der am Weg lauert, zu einer Bärin, der man die Jungen geraubt hat, die Israel Brust und Herz zerreisst. Diese Stelle ist mit Recht immer wieder als Beleg für die Aufassung gebraucht worden, dass in Dan 7 primär an die drei für Herden und Menschen gefährlichsten Raubtiere Palästinas gedacht ist. Wenn diese Tiere aus ihren natürlichen chaotischen Lebensbereichen wie dem Dschungel am Jordan, den Bergwäldern oder der Wüste in die geordnete Welt der Menschen einbrechen, wird das als erschreckender und verstörender Einbruch des Chaos erfahren, wie Urs Staub klar gezeigt hat.[60]

Gleichzeitig dürfte in der Auswahl aber eine für den Hellenismus typische Hochschätzung des Aggressiven zum Ausdruck kommen. Im alten Orient war der nützliche Geier als heiliger Vogel und Attributtier von Göttinnen weit verbreitet.[61] Der Adler fand kaum Beachtung. Der Hellenismus hat im nahen Osten den Geier systematisch durch den Adler ersetzt, was sich u. a. in der Septuaginta, der griechischen Übersetzung des Alten Testaments, zeigt.

Im Vergleich zum Löwen (154mal)[62] wird der Panther im Alten

---

58 Darauf hat Klaus Koch in der Diskussion aufmerksam gemacht.

59 Vgl. Van Buren 1939: 20-22; Keel/Küchler/Uehlinger 1984: 144 und 146; Weber 1920: Nr. 511.

60 Staub 1978: 358 Anm. 20; zum Löwen in Mesopotamien vgl. Cassin 1987: 167-213; Heimpel/Braun-Holzinger 1990.

61 Schroer 1995.

62 Keel/Küchler/Uehlinger 1984: 143 ist von ca 135 Stellen die Rede. Brent A. Strawn, der in Princeton eine Dissertation über den Löwen im Alten Testament und im alten Orient schreibt, kommt in einer gründlichen Untersuchung der hebräisch/aramäischen Bibel auf 154 Stellen, ohne die Orts- und Personennamen zu berücksichtigen. Wenn man die Stellen mitberücksich-

Testament äusserst selten (9mal) genannt.[63] Die Flügel des Panthers sollen wohl wie beim Löwen seine auch sonst sprichwörtliche Schnelligkeit hervorheben (Hab 1,8). Das persische Reich, für das er steht, hat sich unter Kyrus ja auch unglaublich schnell ausgebreitet (Jes 41,3). In Jes 46,11 wird Kyrus mit einem Raubvogel (*ʿajiṭ*) verglichen. Die Vierzahl der Flügel und Köpfe soll wohl die Universalität des Reiches andeuten, dem in Dan 2,39 und 7,6 als einzigem Macht gegeben wird. Vier Köpfe und vier Flügel haben die Lebewesen (*ḥajjot*) in Ez 1,6, die die vier Winde bzw. die vier Himmelsrichtungen verkörpern (Ez 37,9).[64]

Da die ezechielischen Chajjot eindeutig von der altorientalischen Ikonographie abhängen, haben wir hier also eine indirekte Anleihe bei jener. Die Abhängigkeit ist so schwach wie beim geflügelten Löwen, den man unscharf und allgemein von altorientalischen Mischwesen inspiriert sehen kann.

Ebenso unklar bleibt der Zusammenhang mit der altorientalischen bzw. hellenistischen Ikonographie beim vierten, zoologisch nicht spezifizierten Tier.[65] Urs Staub hat in einem reich dokumentierten Aufsatz[66] wahrscheinlich gemacht, dass die Schilderung des vierten Tieres am ehesten vom Kriegselefanten inspiriert ist. Dieser spielte seit dem Indienfeldzug Alexanders d. Gr. eine bedeutende Rolle in den makedonischen Armeen. Die Seleukiden haben ihn auch in Kämpfen in Palästina eingesetzt. In 1 und 2 Makk ist 14mal von Kriegselefanten die Rede. Ein Bruder des Judas Makkabäus, Eleasar Awaran, kommt beim Angriff auf einen Leitelefanten 165 v. Chr. bei Bet-Zur, südlich von Jerusalem, ums Leben (1 Makk 6,43-46). John J. Collins gesteht zu, dass die Charakterisierung des Tiers in einem Punkt («was übrig blieb, zertrampelte es mit den Füssen») gut zum Elefanten passe. Er meint aber:

---

tigt, die auf Löwe oder Löwen anspielen, ohne eine Substantiv für Löwe zu verwenden, sind es sogar über 200 Stellen.

63 Zum Panther vgl. Keel/Küchler/Uehlinger 1984: 143f; zu Verweisen in der exegetischen Literatur auf ikonographische Parallelen zum Panther vgl. Eggler 2000: 47-48.

64 Keel 1977: 191-250.

65 Zu Verweisen in der exegetischen Literatur auf ikonographische Parallelen zum vierten Tier vgl. Eggler 2000: 48-54.

66 Jetzt als vierter Beitrag in diesem Band wieder abgedruckt.

«but there is nothing else in the description to support it».[67] Mir scheint diese Bemerkung nicht zutreffend. Gut zum Kriegselefanten scheinen mir auch die Aussagen zu passen, dass er schreckeinflössend und sehr stark und von den vorhergehenden Tieren verschieden war. Während Löwe, Bär und Panther ungefähr die gleiche Grösse haben und alle drei Fleischfresser sind, ist der Elefant von ganz anderen Dimensionen und auch von ganz anderer Gestalt und ausserdem Pflanzenfresser. Zum Elefanten passen auch die gewaltigen Zähne aus Eisen (*šinnajin diparzæl lah rabr^{e}ban*) und – was überraschen mag, aber was Urs Staub deutlich nachgewiesen hat – die Hörner. Natürlich haben die Hörner nichts mit dem Elefanten als zoologische Spezies zu tun, aber mit seiner kulturellen Rezeption. Anlass, das Bild des Elefanten mit Hörnern zu versehen, gaben vielleicht die Stosszähne, die gelegentlich als Hörner wahrgenommen wurden.[68] U. a. zeigen zwei Münzprägungen Seleukus' I. Nikator Elefanten mit Hörnern.[69]

Wenn also relativ unverkennbar ein Kriegselefant evoziert werden soll, stellt sich die Frage, warum er nicht beim Namen genannt wird. Vielleicht soll die Namenlosigkeit die unsagbare Schrecklichkeit dieses vierten Tieres evozieren. Vielleicht stand dem auch die Gattung der apokalyptischen Vorhersage im Weg, da der Autor Daniel in die Zeit Nebukadnezzars versetzte und vielleicht wusste, dass damals Kriegselefanten noch unbekannt waren.

Ein schwacher und indirekter Reflex altorientalischer Ikonographie scheint nicht nur bei zweien der vier Tiere, sondern auch bei der Beschreibung des Thronenden vorzuliegen, insofern dort einzelne Züge aus Ezechiel aufgenommen werden, so etwa beim Feuer (vgl. Dan 7,9c und 10a mit Ez 1,4.13.26f; 10,1f.7) und bei den Rädern (vgl. Dan 7,9 mit Ez 1,15-28; 10,2).[70]

---

67 Collins 1993: 299 Anm. 194; Sürig 1980: 23 spricht von «far-fetched view»; Bauer 1996: 151-154 übernimmt den Bezug des vierten Tieres auf einen Elefanten. Seine Abb. 27 zeigt nicht eine seleukidische, sondern eine Münze des Ptolemäers Philadelphus II.

68 Bereits eine Darstellung in Beni Hassan in Mittelägypten im Grab des Baqt aus der 11. Dynastie (2081–1938 v. Chr.) zeigt einen Elefanten (*ꜣbw*) mit einem Stosszahn, der eher wie ein Horn aussieht (Newberry 1893: Pl. IV).

69 Staub 1978: 392f Abb. 14-15.

70 Zu Versuchen, den Thronenden von der altorientalischen Ikonographie abzuleiten, vgl. Eggler 2000: 107-110.

4. Der Menschensohn bzw. der Mensch

Wichtiger als der von den Texten aus Ugarit bzw. der kanaanäischen Tradition gelieferte Hintergrund und die mehr indirekten Reflexe altorientalischer Ikonographie scheint mir für das Verständnis des Menschensohns in Dan 7,13 ein Element der aramäischen Kapitel Dan 2-7 zu sein.

Früher versuchte man die Figur des Menschensohns aus weitgehend rekonstruierten hellenistischen, iranischen oder gar indischen Mythen von einem Urmenschen zu verstehen.[71] Davon ist man heute abgekommen. Viel ernster werden heute Hinweise aus Dan 8-12 und der mehr oder weniger zeitgenössischen apokalyptischen Literatur genommen, wie anhand der Arbeit von John Collins zu zeigen sein wird.

Ein Motiv des unmittelbaren Kontexts, nämlich der aramäischen Kapitel Dan 2-7, hat m. E. auch er vernachlässigt. Es ist das Motiv der Verwandlung eines Menschen in ein Tier und eines Tiers in einen Menschen.

Es ist eindeutig, dass in der geschichtspessimistischen Sicht des Autors bzw. seiner Tradition von der *translatio imperii* das erste Reich, das babylonische mit seinem König Nebukadnezzar das beste ist (goldener Kopf, geflügelter Löwe). Vom geflügelten Löwen wird in 7,4 gesagt, dass, nachdem ihm die Geierflügel ausgerissen worden sind, er von der Erde aufgehoben und wie ein Mensch auf zwei Füsse gestellt wird (*w*^{e} *ʿal-raglajin kæʾ*^{æ}*naš h*^{o}*qimat*). Das Ausreissen der Flügel bedeutet natürlich an und für sich einen Potenzverlust, aber wenn man das Geschehen im Kontext sieht, dann beginnt mit dem Verlust der Geierflügel die Verwandlung in einen Menschen. In Dan 4,30 hat der vertierte König Haare, die lang sind wie Geierfedern. Die Menschenähnlichkeit, die der von seinen Geierflügeln befreite Löwe gewinnt, besteht vorerst äusserlich im aufrechten Gang, dann aber wird sie auch innerlich hergestellt, wenn der Text fortfährt: «und es wurde ihm ein Menschenherz gegeben» (*ul*^{e}*bab ʾ*^{æ}*naš j*^{e}*hib lah*).

Diese Verwandlung des geflügelten Löwen in ein menschenähnliches Wesen bezieht sich unübersehbar auf ein Motiv der in Dan 4 erzählten Geschichte von der Verwandlung Nebukadnezzars in ein Tier und seine Rückverwandlung in einen Menschen. Das in Qumran ent-

71 Eggler 2000: 71-80.

deckte Gebet des Nabonid[72] hat suggeriert, dass die ursprüngliche Gestalt der Geschichte Nabonid (556–538 v. Chr.) und nicht Nebukadnezzar war und dass das Motiv des Verlassens der menschlichen Gesellschaft auf den langen Aufenthalt Nabonids in Teman in Arabien zurückgehe.[73]

M. Henze hat in der Erzählung eine Reihe babylonischer Motive entdeckt, so in der Art, wie der Weltenbaum geschildert wird.[74]

Im Traum sieht Nebukadnezzar den Weltenbaum, der in der griechischen Übersetzung des Alten Testaments noch deutlicher als solcher gekennzeichnet ist als im aramäischen Text, insofern da zusätzlich zu den «Vögeln des Himmels» Sonne und Mond in ihm wohnen (4,12). Dieser Baum, dessen Spitze in den Himmel reicht, wird auf Befehl eines Himmlischen gefällt. Nur der Wurzelstock soll übrigbleiben. Dann verlässt der Text die Metapher und wechselt zur Deutung auf den König über, wenn es heisst, dass der Wurzelstock in Eisen und Erz gelegt werden soll. «Vom Tau des Himmels wird er benetzt und mit den Tieren (*ʿim-ḥew*^{e}*taʾ*) hat er teil am Gras der Erde. Sein Herz wird von (dem) der Menschen verändert und ein Tierherz wird ihm gegeben (*lib*^{e}*beh min-ʾ*^{a}*naʾšaʾ j*^{e}*šannon ul*^{e}*bab ḥewah jitj*^{e}*hib leh*). So sollen sieben Zeiten über ihn hingehen» (Dan 4,12c-13). V. 15 bezeichnet als Zweck dieser Veranstaltung: «Die Lebenden sollen wissen (*jind*^{e}*ʿun*), dass der Höchste über das Reich der Menschen herrscht, und dass er es verleiht, wem er will.»

Daniel wiederholt in V. 22 für den König die im Traumbericht bereits vorweggenommene Deutung: «Man wird dich fortjagen von den Menschen, und du musst bei den Tieren des Feldes leben, und du wirst dich wie Rinder (*torin*) von Gras ernähren, und der Tau des Himmels wird dich benetzen. So gehen sieben Zeiten über dich hin, bis du erkennst (*ditindaʿ*), dass der Höchste über die Herrschaft bei den Menschen gebietet und sie verleiht, wem er will.» Die Erhaltung des Wurzelstocks deutet V. 23 mit den Worten: «Deine Herrschaft bleibt dir erhalten, sobald du anerkennst (*min-ditindaʿ*), dass der Himmel die Macht hat.»

Weder Traum noch Deutung bewahren Nebukadnezzar vor Überheblichkeit. Eine Himmelsstimme verkündet das bereits angedrohte Ur-

---

72 4Q242; Text bei Collins 1996; deutsche Übersetzung bei Maier 1995: 185f.

73 Vgl. dazu Maier 1995: 185f; Henze 1999: 63-73.

74 Henze 1999: 73-90.

teil. V. 30 berichtet seine Vollstreckung: «Man verstiess ihn aus der Gemeinschaft der Menschen. Er frass Gras wie die Rinder (*torin*). Vom Tau des Himmels wurde sein Körper benetzt, bis sein Haar lang wie Geier(federn) (*nišrin*) wurde und seine Nägel wie Vogelkrallen.» V. 31 erzählt die Wende: «Als die Zeit verstrichen war (*w^e^liq^e^ṣat jomaja'*), erhob ich, Nebukadnezzar, meine Augen zum Himmel, und mein Verstand (*mand^e^ʿi*) kehrte zu mir zurück, und ich pries den Höchsten, den ewig Lebenden rühmte und verherrlichte ich.» V. 31b und 32 referieren die Worte dieses Lobpreises. V. 33 berichtet: «Im selben Augenblick kehrte mein Verstand (*mand^e^ʿi*) zu mir zurück, und zum Ruhm meines Königtums kehrten auch meine Herrlichkeit und mein königlicher Glanz zu mir zurück.»

Die wiederholte Aussage von der Rückkehr des Verstandes in V. 31 und 33, vor und nach der Doxologie, signalisiert auf seine Art das ewige Problem des Verhältnisses von Gnade und menschlicher Leistung. Die Anerkennung der Macht Gottes, die Doxologie, ist ohne Mensch zu sein, ohne bei Verstand zu sein nicht möglich. Gleichzeitig ist die Doxologie aber die unabdingbare Voraussetzung des Mensch-Seins bzw. Bei-Verstand-Seins und muss geleistet werden, ehe der Verstand zurückkehren kann. Mensch-Sein und Bei-Verstand-Sein sind im Danielbuch identisch mit Erkenntnis und Anerkennung der Souveränität Gottes.

Das Motiv ist dem Danielbuch so wichtig, dass es im folgenden Kapitel, in Dan 5, in der Erzählung von der unverständlichen Schrift an der Wand, nochmals aufgegriffen wird.

Ehe Daniel die Schrift an der Wand deutet, erinnert er König Belschazzar an seinen Vater, den mächtigen König Nebukadnezzar, und erzählt: «Als aber sein Herz überheblich und sein Geist hochmütig wurde (*rim lib^e^beh w^e^ ruḥeh tiqfat*), stürzte man ihn von seinem königlichen Thron, und er verlor die Herrscherwürde. Man verstiess ihn aus der Gemeinschaft der Menschen (*umin b^e^ne 'anaša' ṭ^e^rid*; zum Ausdruck *b^e^ne 'anaša'* vgl. auch Dan 2,38). Sein Herz wurde dem der Tiere gleichgemacht (*w^e^lib^e^beh ʿim-ḥew^e^ta' šawwi*). Bei den Onagern war sein Aufenthalt. Gras frass er mit den Rindern. Vom Tau des Himmels wurde sein Körper benetzt, bis er erkannte (*di-j^e^daʿ*): der höchste Gott gebietet über die Herrschaft bei den Menschen und gibt sie, wem er will» (Dan 5,20f).

Die zentrale Unterscheidung, die bei der hier skizzierten Thematik gemacht wird, ist die zwischen Tieren und Menschen. 18mal ist in den Kapiteln 4, 5 und 7 von Tieren im Singular oder Plural die Rede. Zusätzlich werden bestimmte Tiere (Rind, Onager, Löwe, Bär, Panther) oder Teile von Tieren (Vogelkrallen, Geierfedern bzw. -flügel) genannt.

Dieser Welt der Tiere (*ḥewan, ḥewataʾ*) bzw. dem einzelnen Tier (*ḥewah, ḥewᵉtaʾ*)[75] steht die Welt der Menschen (*ʾanašaʾ, bᵉne ʾanašaʾ*) bzw. der einzelne Mensch (*ʾænaš, ʾænašaʾ, bar ʾænaš*)[76] gegenüber. Zwar wird beiden Gattungen ein Herz zuerkannt. Es ist von einem *lᵉbab ʾænaš* (Dan 7,4) und einem *lᵉbab ḥewah* (Dan 4,13) die Rede. Aber nur dem menschlichen Herz wird die Möglichkeit zu erkennen (*jᵉdaʾ*)[77] zugesprochen, und nur das menschliche Herz ist mit *mindaʿ* «Verstand»[78] nahezu synonym, insofern der Verlust des menschlichen Herzens (Dan 4,13) durch die Rückkehr des Verstandes (4,31.33) behoben bzw. angezeigt wird.[79] Erkenntnis heisst im Danielbuch aber soviel wie Anerkennung des höchsten Gottes und seiner Souveränität, von der alle menschliche Macht und Herrschaft total abhängig sind und der sie Rechenschaft schulden. Wo diese Erkenntnis fehlt, ist kein menschliches Herz, ist kein Verstand vorhanden. Wo diese Erkenntnis und Anerkennung fehlen, haben wir es mit Tieren zu tun.

Von diesem Befund her ist die Frage nach dem «Menschensohn» bzw. «dem Menschen» in Dan 7,13 zu stellen. Die Vergleichspartikel «wie ein Mensch» zeigt, dass wir es dabei wie beim Löwen, Bären und Panther mit einer Symbolfigur zu tun haben.[80] Manche Autoren aber sind der Meinung, der «wie ein Mensch» sei wie der vor ihm eingeführte «Alte an Tagen» eine individuelle Grösse, eine klar definierte Gestalt. Die vier Tiere würden auf vier Könige gedeutet (Dan 7,17), «der wie ein Mensch» aber nicht. Manche Autoren messen dem grosses

75 HAL V 1708.

76 HAL V 1670.

77 HAL V 1717.

78 HAL V 1739.

79 Zum Herz als Organ des Denkens, Planens und Wollens vgl. Wolff 1973: 68-95; Schroer/Staubli 1998: 45-60; vgl. weiter Böhlig 1983.

80 Delcor 1971: 155; Hartmann/Di Lella 1978: 91f; Collins 1993: 305 Anm. 253.

Gewicht bei.[81] Dazu ist zu sagen, dass erstens das vierte Tier in Dan 7,23 nicht auf einen König, sondern auf ein Reich gedeutet wird, die Deutung, ob Individuum oder Herrschaft, bei den Tieren also offen bleibt. Zweitens wird in Dan 7,18 an der Stelle, wo nach den Autoren, die den «Menschen» individuell deuten wollen, gesagt werden müsste, wer der «Mensch» ist, erklärt, dass die Heiligen die ewige und universale Herrschaft empfangen, die «dem wie ein Mensch» zuteil wird (Dan 7,14). Es ist also nicht so, dass die Gestalt nicht gedeutet wird. Sie wird implizit als Verkörperung der «Heiligen des Höchsten» interpretiert. Wer diese Heiligen des Höchsten sind, ist allerdings auch wieder nicht ganz eindeutig, besonders wenn man Dan 8-12 in die Deutung miteinbezieht. Vom unmittelbaren Kontext in Dan 7 her scheint mir die Sache ziemlich klar. Dan 7,21a sagt vom kleinen Horn, das generell und mit Recht auf Antiochus IV. gedeutet wird, es kämpfe gegen die «Heiligen» (*q^{e}rab ʿim-qaddišin*). Dan 7,21b-22 fährt fort: «Es (das kleine Horn) überwältigte sie (*jak^{e}lah l^{e}hon*), bis der Hochbetagte kam. Da wurde den Heiligen des Höchsten Recht verschafft, und es kam die Zeit, in der die Heiligen das Königtum erhielten.» V. 25 sagt von Antiochus IV. noch einmal: «Er lästert über den Höchsten und unterdrückt (*j^{e}balleʾ*) die Heiligen des Höchsten. Die Festzeiten und das Gesetz will er ändern. Ihm werden die Heiligen für eine Zeit und zwei Zeiten und eine halbe Zeit ausgeliefert.» Dann aber ist endgültig Schluss. Jener König verfällt dem Gericht und wird vernichtet, und die Herrschaft und Macht werden «dem Volk der Heiligen des Höchsten gegeben» (Dan 7,27). Die Anspielungen auf Antiochus IV. und die von ihm ausgelöste Verfolgung der Toratreuen sind so dicht, dass kaum eine andere Deutung der Heiligen als in Ps 34,10 möglich ist, nämlich dass die «Heiligen» die Gottesfürchtigen sind (vgl. auch Esr 9,2). John Collins will die «Heiligen des Höchsten» im Ausdruck «Volk der Heiligen des Höchsten» nicht als *Genitivus exepegeticus* im Sinne von «das Volk, das die Heiligen des Höchsten sind», sondern als *Genitivus possessivus* als «das Volk, das den Heiligen im Sinne von Engeln gehört» deuten. Er basiert diese Deutung weniger auf dem unmittelbaren Kontext in Dan 7, sondern auf den hebräischen Teilen des Danielbuches in Dan 8-12, die ein grosses Interesse an der Angelologie zeigen, ein Interesse, das im aramäischen Teil Dan 2-7 viel weniger stark ist.

---

81 Collins 1993: 305 Anm. 254.

John Collins polemisiert wiederholt gegen die «modern Western critics», für die nur das, was auf Erden spielt, relevant sei. Für das Judentum der Zeit Daniels sei aber das, was sich im Himmel abgespielt habe, wichtiger oder mindestens ebenso wichtig gewesen, da dort die Entscheidungen gefallen seien, die unmittelbare Auswirkung auf Erden hatten. Nach Dan 8,10 hätte das kleine Horn sogar einige von den Sternen auf die Erde hinab geworfen, und mit den Sternen seien Engel gemeint.[82] Was immer mit den Sternen gemeint ist, wir befinden uns hier bereits wieder in Dan 8-12 und seiner Angelologie, die nicht ohne weiteres auf Dan 2-7 zu übertragen ist. Die Vorstellung der Kriegsrolle aus Qumran, wo himmlisches und irdisches Geschehen parallel laufen und Gott ewige Hilfe zuteil werden lässt, «um unter den Göttlichen die Herrschaft Michaels zu erhöhen und die Herrschaft Israels unter allem Fleisch»[83], mag auf Dan 8-12 zutreffen, kann aber nicht ohne weiteres auch für Dan 2-7 angenommen werden.

5. Der von Dan 4-5 und 7 vorausgesetzte Unterschied zwischen Mensch und Tier

Dan 2-7 liegt offensichtlich nicht allzu viel daran, die vier Tiere präzise mit vier Königen oder mit vier Reichen zu identifizieren. Ebensowenig interessiert eine präzise Identifikation desjenigen, der wie ein Mensch vorgestellt wird. Was interessiert, ist der Gegensatz Tier–Mensch. Die religionsgeschichtliche oder besser mentalitätsgeschichtliche Frage, die sich daher stellt, ist: Woher kommt der scharfe Gegensatz zwischen Mensch und Tier, der Daniel 2-7 charakterisiert?

Matthias Henze wollte die Tierwerdung Nebukadnezzars und seine Wieder-Mensch-Werdung auf die Figur vom Urmenschen zurückführen, wie sie in der babylonischen Mythologie am ausführlichsten in der Gestalt Enkidus im Gilgameschepos[84] erscheint.[85] In Tafel I, Kolumne

82 Collins 1993: 320.

83 1QM 17,7-8; siehe Collins 1993: 319; die Position Collins liegt jetzt kurz zusammengefasst vor in Collins 2000: 143f.

84 Hecker 1994: 646-744; die ersten elf Tafeln des Zwölf-Tafel-Epos dürften um 1200 v. Chr. redigiert worden sein (ebd. 647).

85 Henze 1999: 93-99.

2,30-6,30 und im ersten Teil der schlecht erhaltenen Tafel II[86] wird erzählt, wie die Muttergöttin Aruru dem ungestümen Gilgamesch einen ebenbürtigen Herausforderer namens Enkidu schuf. Er war haarig wie ein Tier, frass mit den Gazellen Gras und ging mit dem Wild zur Tränke. Er versetzte den Jäger in Schrecken, weil er seine Fallgruben zuschüttete und seine Netze zerstörte. Der Vater des Jägers riet diesem, er solle von Gilgamesch eine Dirne verlangen. Die verführe den Wildmenschen dazu, mit ihr zu schlafen, und entfremde ihn so den anderen Tieren. Der Jäger handelte so, und tatsächlich heisst es von Enkidu: «Erweitert wurde sein Verstand. ... Die Dirne spricht zu ihm, zu Enkidu: 'Weise bist du, Enkidu, wie ein Gott bist du; warum läufst du mit dem Wild durch die Steppe?'» (Tafel I, Kolumne 4,29 und 33-35). Enkidu bat nun die Dirne, ihn nach Uruk zu Gilgamesch zu bringen. In Uruk mass sich Enkidu mit Gilgamesch und wurde Gilgameschs Gefährte, mit dem er auf Abenteuer auszog. Der Text suggeriert keinen grundsätzlichen Unterschied zwischen Mensch und Tier, zwischen Mensch- und Tierherz. Enkidu ist nicht ohne Herz bzw. Verstand. Die Begegnung mit der Frau erweitert diesen nur.

Berossus kannte und verwendete in seinen «Babyloniaca» noch am Anfang des 3. Jh. v. Chr. Traditionen vom Urmenschen, der mit den wilden Tieren und wie diese lebte.[87] Einzelne Details der Schilderung des «vertierten» Nebukadnezzar mögen durchaus auf diese Tradition zurückgehen, wie Henze vorschlägt. Aber der grundsätzliche Unterschied zwischen Tier und Mensch, der äusserlich durch den aufrechten Gang des Menschen demonstriert wird und innerlich durch das ganz und gar andere Herz begründet ist, ist nicht altorientalisch. Das menschliche Herz ist in Dan 4 mit dem Verstand identisch, der dem Tier fehlt.

Noch weniger als die akkadische Kultur hat die ägyptische einen prinzipiellen Unterschied zwischen Mensch und Tier gesehen. Ägypten räumte den Tieren sogar auf weite Strecken einen höheren Status ein als den Menschen, was die Griechen, die sonst generell eine sehr hohe Meinung von ägyptischer Weisheit und Kultur hatten[88], sehr befremdlich fanden.[89]

86 Hecker 1994: 674-684.

87 Burstein 1977: 13f; vgl. Henze 1999: 95.

88 Assmann 2000.

89 Assmann 2000: 10.

Die jüdische (Weish 11,15-21; 12,23-27) und die christliche Tradition haben diese Ablehnung aufgenommen und wenn möglich noch verschärft. «Es genügte ihnen (sc. den Ägyptern) nicht die Religion der Barbaren und Griechen, sondern sie haben selbst einige aus dem Reich der Tiere als Götter aufgestellt. ... Einen schweren Irrtum also haben die Ägypter begangen, einen schwereren als alle Völker, die auf der Oberfläche der Erde leben.»[90]

Manche Texte belegen, dass die Grenze zwischen dem Gottesverhältnis der Tiere und dem der Menschen im Alten Testament zwar weniger durchlässig war als in Ägypten, aber doch in manchen Texten relativ offen ist. Alle Lebewesen, Menschen und Tiere, erwarten von Gott ihre Speise (Ps 104,27) und sind in den Bund mit Gott eingeschlossen (Gen 9,9f).[91] Die Zugvögel erkennen die Satzungen Gottes sogar besser als viele Menschen (Jer 8,7). Die Eselin Bileams sieht den Gottesboten, den der Prophet nicht wahrnimmt (Num 22,22-30). Diese Offenheit macht die Tiere auch zu Trägern von Verantwortung gegenüber göttlichen Satzungen. Die Schlange wird deshalb zusammen mit dem ersten Menschenpaar bestraft (Gen 3,14-19). Das stössige Rind, das einen Menschen getötet hat, wird zusammen mit dem fahrlässigen Eigentümer gesteinigt (Ex 21,29).

Zwar kennen der alte Orient und das Alte Testament eine Herrschaft des Menschen über die Tiere. So herrscht nach Gen 1,26-28 der Mensch als Abbild Gottes über die Tiere. Nach Ps 8,7-9 hat Gott dem Menschen alle Tiere unter die Füsse gelegt. Nebukadnezzar herrscht als König nicht nur über alle Völker, sondern sogar die Tiere des Feldes müssen ihm dienen (Jer 27,5f). Von Nebukadnezzar als Weltenbaum ernähren sich alle Lebewesen, Menschen und Tiere (Dan 4,9). Aber keiner dieser Texte stellt sich die Frage, warum dem so sei. Es genügt ihnen zu sagen, dass Gott dem Menschen bzw. dem König diese Herrschaft gegeben habe.

Die scharfe Trennung zwischen Mensch und Tier und deren Begründung sind weder dem alten Orient, noch Ägypten, noch dem Alten Tes-

---

90 Aristides, Apologie 12; zitiert nach Zimmermann 1912: 87; vgl. ebd. 87-91 weitere Stimmen. Zimmermann zeigt, dass sich neben massiver Polemik auch Stimmen finden, die den ägyptischen Tierkult symbolisch interpretieren.

91 Janowski 1993. A. de Pury umschreibt die enge Verwandtschaft von Mensch und Tier im Alten Testament mit den Begriffen «animalité de l'homme» und «humanité de l'animal» (1993: 9.17-35).

tament eigen, sondern ein griechisches Philosophumenon, besonders eines der aristotelischen und der stoischen Philosophie. Aristoteles hat den Tieren als erster systematisch und entschieden «Vernunft» (λόγος), vernünftiges Überlegen (λογισμός), Denken (διάνοια, νοῦς), Intellekt (νοῦς) und Meinung (δόξα) rundweg abgesprochen.[92]

Die Diskussion darüber, warum der Mensch den Tieren überlegen sei, setzt allerdings nicht erst mit Aristoteles ein. Sie beginnt schon früher. Ein Motiv, das zum ersten Mal in Xenophons Memorabilien (1. Hälfte 4. Jh. v. Chr.) auftaucht, ist der aufrechte Gang des Menschen. In einem Dialog äussert ein gewisser Aristodemus Sokrates gegenüber die Meinung, die Götter würden sich nicht um die Menschen kümmern. Sokrates antwortet darauf, dass die Götter die Menschen im Hinblick auf Körper (σῶμα) und Seele (ψυχή) vor allen Lebewesen bevorzugt hätten. Im Hinblick auf den Körper wird als erstes der aufrechte Gang erwähnt, der ihm einen weiteren Überblick und eine bessere Sicht der oberen Dinge gegeben habe und ihn vor Verletztungen bewahre. Im Hinblick auf die Seele wird hervorgehoben, dass die Seele des Menschen als einzige die Existenz der Götter erkannt habe und als einzige die Götter verehre (Memorabilia I 4.11-14).[93] Damit sind eigentlich bereits die beiden Motive vorweggenommen, die in Dan 4-5 und 7 Nebukadnezzar von einem Tier in einen Menschen verwandeln, der aufrechte Gang und das Menschenherz, das die Herrschaft Gottes anerkennt.

Das Motiv des aufrechten Gangs findet sich dann bei Aristoteles mit einer für uns merkwürdigen Begründung wieder. In seiner Schrift «Partes animalium» sagt er: «Er (der Mensch) ist das einzige von allen Lebewesen, das aufrecht ist. Dies ist so, weil seine Natur und sein Wesen göttlich sind. Die Aufgabe des Göttlichsten ist, zu denken und intelligent zu sein (νοεῖν καὶ φρονεῖν). Dies ist aber nicht einfach, wenn ein schwerer Oberkörper darauf liegt[94]; denn die Last macht die Denk-

---

92 Dierauer 1977: 100-166; Sorabji 1993: 12-16.

93 Vgl. zum aufrechten Gang weiter Dierauer 1977: 47 Anm. 37, 50f, 148, 154.

94 Aristoteles lokalisierte die Seele und damit auch die Denkkraft noch wie vor ihm der ganze alte Orient im Herzen. Vgl. z. B. seine Schrift «De Anima». Im Gegensatz zum hebräischen *leb* oder *lebab* bezeichnet das griechische καρδία nicht gleichzeitig das anatomische Herz und das Vermögen zu denken, zu planen und zu wollen. So übersetzt die griechische Übersetzung der Septuaginta die hebräischen Ausdrücke mit einer Vielzahl von Begriffen wie διάνοια, ψυχή, νοῦς usw. (vgl. dazu Böhlig 1983).

kraft (διάνοια) und den Gemeinsinn unbeweglich» (686a.27-31).[95]

Die hier angedeuteten Einsichten und Theorien der griechischen Philosophie des 4. Jh. v. Chr. wurde in der Folgezeit von der Stoa aufgenommen und weit verbreitet.[96] Die verschiedenen Richtungen der stoischen Philosophie hatten in der Levante zahlreiche Anhänger. Berühmte stoische Philosophen stammten aus Sidon, Tyrus, Akko, Gadara und Askalon. Antiochos, der «Askalonite» (130–68 v. Chr.), «wurde Schulhaupt der erneuerten Akademie in Athen, wo ihn Cicero hörte».[97] «Es waren in Palästina und Phönizien ... sämtliche Philosophenschulen vertreten, das Übergewicht der *Stoa* ist jedoch unverkennbar, vor allem wenn wir noch ihren bedeutendsten Vertreter, Poseidonios aus dem nordsyrischen Apamea, hinzufügen, der die geistesgeschichtliche und religiöse Entwicklung der späthellenistischen und römischen Zeit entscheidend mitbestimmt hat».[98] Die Präsenz aristotelisch-stoischer Vorstellungen in Dan 4-5 und 7 ist also nicht verwunderlich. Auch wenn Dan 2-7 als Trostschrift gegen Antiochus IV. und seine Form des Hellenismus gerichtet ist, ist damit das Vorhandensein hellenistischer Vorstellungen noch keineswegs ausgeschlossen.

Theodotion übersetzt *minda*ʿ mit αἱ φρένες, dem Plural von ἡ φρήν «Verstand, Einsicht».[99] In Dan 2,21 wird *minda*ʿ mit ἡ σύνεσις «Verstand, Bewusstsein» und in Dan 5,12 mit ἡ φρόνησις «der Verstand, die vernünftige Einsicht» wiedergegeben. Wir kommen also auch terminologisch in die Nähe des aristotelischen φρονεῖν. Zwar kann Aristoteles den Tieren gelegentlich σύνεσις oder φρόνησις zugestehen. Aber bei näherem Zusehen gesteht er ihnen diese Möglichkeiten nur in einem metaphorischen Sinne zu.[100] Der Verfasser von Dan 4-5 und 7 fokussiert die Erkenntnis, die den Menschen zum Menschen macht, auf die Erkenntnis und Anerkennung der Souveränität und Oberherrschaft Gottes. Die Herrschaft des «Menschen» ist im Gegen-

95 Dierauer 1977: 148. «Gemeinsinn» meint hier den Sinn, der die fünf Sinne bündelt und sie in einem ihnen gemeinsamen Sinn zusammenfasst.

96 Dierauer 1977: 199-252.

97 Hengel 1973: 158f; vgl. den ganzen Abschnitt 152-195.

98 Hengel 1973: 160.

99 Die Septuaginta hat einen ganz anderen Text. 4,34 wird der Zustand der Vertierung als ἄγνοια «Unwissenheit» hauptsächlich im religiösen Sinn beschrieben.

100 Sorabji 1993: 13f.

satz zu der der Tier-Könige (Dan 7,17) bzw. Tier-Herrschaften (Dan 7,23) eine Herrschaft ohne Überheblichkeit, die die Souveränität des höchsten Gottes voll anerkennt, sich in allem ihm verpflichtet weiss, die Götzenbilder ablehnt, Gerechtigkeit übt und Mitgefühl mit den Armen zeigt (Dan 4,24). Die Herrschaft dessen, «der wie ein Mensch» ist, wird durch diese Eigenheiten charakterisiert, ob sie konkret nun von einem himmlischen Wesen, einem Engel, einem hervorragenden, ganz besonderen Menschen, etwa dem Messias, oder, was mir mindestens für Dan 7 wahrscheinlicher scheint, kollektiv vom Volk der Heiligen bzw. den Heiligen wahrgenommen wird.

Zusammenfassung und Schluss

Die chiastische Struktur der Kapitel Dan 2-7 stellt die Verwandlung Nebukadnezzars, der die Herrschaft Gottes nicht anerkennt, in ein Tier mit tierischem Herzen und die Rückverwandlung des Königs in einen Menschen mit menschlichem Herzen (Verstand), der die Herrschaft Gottes anerkennt, in den Mittelpunkt der Komposition. An diese Verwandlung wird in Kapitel 7,4 erinnert, und sie liegt der Gegenüberstellung der Herrschaft der «Tiere» und der Herrschaft des «Menschen» in Kap. 7 zugrunde. Die scharfe Unterscheidung zwischen Tier und Mensch, wobei den Menschen der aufrechte Gang und die Fähigkeit, die göttliche Herrschaft zu erkennen, vor den Tieren auszeichnet, ist nicht altorientalisch, altägyptisch oder alttestamentlich, sondern griechisch (Xenophon), besonders aristotelisch und stoisch. Die Kapitel Dan 2-7 sind also in einem zentralen Konzept von der hellenistischen Philosophie abhängig. Der Einfluss der altorientalischen Ikonographie auf einzelne Motive in Dan 7 scheint nur indirekt und hauptsächlich über Ezechiel gelaufen zu sein. Dem vierten Tier dürfte der Kriegselefant (U. Staub) Modell gestanden haben.

Nach einem weitreichenden Konsens sind Dan 2-7 aus einer Abwehrhaltung gegen den Hellenismus entstanden, der in den 60er Jahren des 2. Jh. v. Chr. für das palästinische Judentum vor allem von Antiochus IV. und seinen Mitstreitern in Jerusalem verkörpert wurde. Feindschaft verlangt grosse Aufmerksamkeit. Jeder Schachzug des Feindes wird registriert und intensiv interpretiert. Feinde sind im grossen wie im kleinen oft prägender als Freunde. Es ist deshalb naheliegend, bei der Suche nach den Grundvoraussetzungen eines Werkes aus der Zeit des jüdischen Abwehrkampfes gegen den Hellenismus im griechisch-hellenistischen Bereich nach Vorlagen und Mustern zu suchen. *De facto* hat man im geographisch weit entfernten Indien oder Iran[101] oder im zeitlich weit zurückliegendem altbabylonischem oder neuassyrischem Schrifttum nach Vorlagen gesucht.[102] Die griechisch-hellenistische Welt hat man weitgehend ignoriert.[103] Es war aber gerade diese verhasste und verfemte griechische Welt, von der das aramäisch-jüdische Danielbuch ein entscheidendes Philosophoumenon übernommen hat, nämlich den grundlegenden Unterschied zwischen Tier und Mensch und die Erwartung einer menschlichen Herrschaft.[104]

Welche Bedeutung dieser Einsicht bei der Interpretation des wahrscheinlich ältesten christologischen Titels «Menschensohn» bzw. «Mensch» zukommt, dieser Frage kann hier nicht nachgegangen werden.

Die Frage, ob das Christentum rein jüdische Wurzeln habe oder ob es synkretistisch und in welchem Umfang es das sei, greift insofern zu kurz, als zu der Zeit, als das Christentum aus dem Judentum hervorging, dieses bereits viele und wichtige Impulse aus der hellenistischen Welt aufgenommen hatte.

---

101 Eggler 2000: 18-19, 71-77.

102 Eggler 2000: 3-7, 23-26, 55-57, 84-86.

103 Eggler 2000: 8f, 79

104 Redditt 1998, z. B., identifiziert die Gruppe, von der das Danielbuch stammt, als Anhänger Antiochus III., die durch seinen Nachfolger enttäuscht worden sind.

Zitierte Literatur

Abbo B. et al., 1987, Tanis. L'or des pharaons, Paris.

Aldred C., 1971, Jewels of the Pharaohs. Egyptian Jewellery of the Dynastic Period, London.

ANEP = J. B. Pritchard, The Ancient Near East in Pictures Relating to the Old Testament, Princeton 1954.

Armistead D. B., 1998, The Images of Daniel 2 and 7: A Literary Approach: Stulos Theological Journal, Bandung 6, 63-66.

Assmann J., 1996, Zur Geschichte des Herzens im Alten Ägypten, in: G. Berkemer/G. Rappe, Hrsg., Das Herz im Kulturvergleich (Lynkeus. Studien zur Neuen Phänomenologie 3), Berlin, 143-172.

— 2000, Weisheit und Mysterium. Das Bild der Griechen von Ägypten, München.

Attridge H. W./Oden R. A., 1981, Philo of Byblos, The Phoenician History. Introduction, Critical Text, Translation, Notes (The Catholic Biblical Quarterly Monograph Series 9), Washington.

Bauer D., 1996, Das Buch Daniel (Neuer Stuttgarter Kommentar. Altes Testament 22), Stuttgart.

Böhlig A., 1983, «Herz» in der Übersetzung des koptischen Neuen Testaments, in: M. Görg, Hrsg., Fontes atque pontes. Eine Festgabe für Hellmut Brunner (Ägypten und Altes Testament 5), Wiesbaden, 47-61.

Botha P. J., 1999, The socio-cultural background of Ezekiel 19: Old Testament Essays. New Series 12/2, 249-265.

Braun-Holzinger E. A., 1987-1990, Löwendrache, in: D. O. Edzard, Hrsg., Reallexikon der Assyriologie und Vorderasiatischen Archäologie Bd. 7, Berlin, 97-99.

Braunfels W., 1970, Gott, Gottvater, in: E. Kirschbaum, Hrsg., Lexikon der christlichen Ikonographie II, Freiburg i. Br., Sp. 165-170.

Burnier-Genton J., 1993, Le rêve subversif d'un sage. Daniel 7, Genève.

Burstein S. M., 1977, The Babyloniaca of Berossus (Sources and Monographs. Sources from the Ancient Near East 1.5), Malibu.

Cassin E., 1987, Daniel dans la «fosse» aux lions, in: E. Cassin, Le semblable et le différent, Paris, 131-166.

Collins J. J., 1993, Daniel (Hermeneia – A Critical and Historical Commentary on the Bible), Minneapolis.

— 1996, Prayer of Nabonidus, in: J. C. VanderKam, ed., Qumrân Cave 4, XVII Parabiblical Texts, Part 3 (Discoveries in the Judaean Desert of Jordan 22), Oxford, 83-94 and pl. VI.

— ed., 2000, The Encyclopedia of Apocalypticism 1. The Origins of Apocalypticism in Judaism and Christianity, New York-London.

Day J., 1980, The Daniel of Ugarit and Ezekiel and the Hero of the Book of Daniel: Vetus Testamentum 30, 174-184.

— 1985, God's conflict with the dragon and the sea. Echoes of a Canaanite myth in the Old Testament, Cambridge, 2nd ed. 1988.

DDD^2 = K. van der Toorn/B. Becking/P. W. van der Horst, eds., Dictionary of Deities and Demons in the Bible, 2nd extensively revised Edition, Leiden 1999.

Delaporte L., 1910, Catalogue des cylindres orientaux et des cachets assyro-babyloniens, perses et syro-cappadociens de la Bibliothèque Nationale, Paris.

Delcor M., 1971, Le livre de Daniel, Paris.

Dierauer U., 1977, Tier und Mensch in der Antike. Studien zur Tierpsychologie, Anthropologie und Ethik, Amsterdam.

Dietrich M./Loretz O., 1997, Mythen und Epen in ugaritischer Sprache, in: O. Kaiser et al., Texte aus der Umwelt des Alten Testaments Bd. III. Lieferung 6. Mythen und Epen IV, Gütersloh, 1191-1317.

Eggler J., 1998, A Study of the Motifs of the Sea, Lion, Wings, Horns, and the Enthroned in the Iconography of Palestine/Israel with Reference to the Vision of Dan 7:2-14 (Unpublizierte PhD Dissertation der Universität von Stellenbosch, Südafrika), Stellenbosch.

— 2000, Influences and Traditions Underlying the Vision of Daniel 7:2-14. The Research History from the End of the 19th Century to the Present (Orbis Biblicus et Orientalis 177), Freiburg/Schweiz-Göttingen.

Eissfeldt O., 1932, Baal Zaphon, Zeus Kasios und der Durchzug der Israeliten durchs Meer, Halle.

Emerton J. A., 1958, The Origin of the Son of Man Imagery: Journal of Theological Studies 9, 225-242.

Gardner A. E., 1999, The great sea of Dan. VII, 2: Vetus Testamentum 49, 412-415.

Ghirshman R., 1964, Iran. Protoiranier, Meder, Achämeniden (Universum der Kunst), München.

Green A., 1993-1997, Mischwesen. B. Archäologie, in: D. O. Edzard, Hrsg., Reallexikon der Assyriologie und Vorderasiatischen Archäologie Bd. 8, Berlin, 246-264.

Gunkel H., 1895, Schöpfung und Chaos in Urzeit und Endzeit. Eine religionsgschichtliche Untersuchung über Gen 1 und Ap Joh 12, Göttingen.

HAL = W. Baumgartner/J. J. Stamm/B. Hartmann, Hebräisches und aramäisches Lexikon zum Alten Testament, I-V, Leiden 1967, 1974, 1983, 1990, 1995.

Hartenstein F., 1997, Die Unzugänglichkeit Gottes im Heiligtum. Jesaja 6 und der Wohnort JHWHs in der Jerusalemer Kulttradition (Wissenschaftliche Monographien zum Alten und Neuen Testament 75), Neukirchen.

Hartmann L. F./Di Lella A., 1978, The Book of Daniel. A New Translation and Commentary on Chapters 1-9 (The Anchor Bible 23), Garden City, New York.

Hecker K., 1994, Das akkadische Gilgamesch-Epos, in: O. Kaiser et al., Texte aus der Umwelt des Alten Testaments Bd. III, Lieferung 4. Mythen und Epen II, Gütersloh, 646-744.

Heimpel W./Braun-Holzinger E., 1990, Löwe, in: D.O. Edzard, Reallexikon der Assyriologie und Vorderasiatischen Archäologie VII, Berlin, 80-94.

Hengel M., 1973, Judentum und Hellenismus. Studien zu ihrer Begegnung unter besonderer Berücksichtigung Palästinas bis zur Mitte des 2. Jh. v. Chr. (Wissenschaftliche Untersuchungen zum Neuen Testament 10), 2. Aufl., Tübingen.

Henze M., 1999, The Madness of King Nebuchadnezzar. The Ancient Near Eastern Origins and Early History of Interpretation of Daniel

4 (Supplements to the Journal for the Study of Judaism 61), Leiden.

— 1999a, The Ideology of Rule in the Narrative Frame of Daniel (Dan 1-6), in: Society of Biblical Literature. Seminar Papers, Atlanta, 527-539.

Hitzig F., 1850, Das Buch Daniel erklärt (Kurzgefasstes exegetisches Handbuch zum Alten Testament 10), Leipzig.

Jacobsen Th., 1968, The Battle between Marduk and Tiamat: Journal of the American Oriental Society 88, 104-108.

Janowski B., 1993, Auch die Tiere gehören zum Gottesbund, in: B. Janowski/U. Neumann-Gorsolke/U. Gleßmer, Hrsg., Gefährten und Feinde des Menschen. Das Tier in der Lebenswelt des alten Israel, Neukirchen-Vluyn, 1-19.

Kaiser O., 1959, Die mythische Bedeutung des Meeres (Beihefte zur Zeitschrift für die alttestamentliche Wissenschaft 78), Berlin, 2. Aufl. 1962.

Keel O., 1977, Jahwe-Visionen und Siegelkunst. Eine neue Deutung der Majestätsschilderungen in Jes 6, Ez 1 und 10 und Sach 4 (Stuttgarter Bibel-Studien 84/85), Stuttgart.

— 1992, Das Recht der Bilder gesehen zu werden. Drei Fallstudien zur Methode der Interpretation altorientalischer Bilder (Orbis Biblicus et Orientalis 122), Freiburg/Schweiz-Göttingen.

— 1998, Die kultischen Massnahmen Antiochus' IV. in Jerusalem: Religionsverfolgung und/oder Reformversuch?, in: J. Krašovec, ed., Interpretation of the Bible, Ljubljana-Sheffield, 217-240.

—/Küchler M./Uehlinger Ch., 1984, Orte und Landschaften der Bibel. Ein Handbuch und Studienreiseführer zum Heiligen Land Bd. 1: Geographisch-geschichtliche Landeskunde, Zürich-Göttingen.

Kloos C., 1986, Yhwh's Combat with the Sea. A Canaanite Tradition in the Religion of Ancient Israel, Leiden.

Koch K., 2000, Die Winde des Himmels über dem Völkermeer (Dan 7,1f). Schöpfung oder Chaos?, in: H.-J. Barkenings/U. F. W. Bauer, Hrsg., «Unter dem Fussboden ein Tropfen Wahrheit». Festschrift für Johann Michael Schmidt zum 65jährigen Geburtstag, Presseverband der Evangelischen Kirche im Rheinland e.V., 46-55.

—/Niewisch T./Tubach J., 1980, Das Buch Daniel (Erträge der Forschung 144), Darmstadt.

Koorevaar H. J., 1999, Beltschazzars Sprache: Der Wechsel von Hebräisch zu Aramäisch im Buch Daniel (Teil I): Jahrbuch für Evangelikale Theologie 13, 7-32.

KTU = M. Dietrich/O. Loretz/J. Sanmartín, The cuneiform alphabetic texts from Ugarit, Ras Ibn Hani and other places, 2nd, enlarged edition, Münster 1995.

Kvanvig H. S., 1981, An Akkadian Vision as Background for Daniel 7: Studia Theologica 35, 85-89.

— 1988, Roots of Apocalyptic: The Mesopotamian Background of the Enoch Figure and of the Son of Man, Neukirchen.

Lambert W. G., 1980, Babylonien und Israel, in: G. Krause/G. Müller, Hrsg., Theologische Realenzyklopädie 5, Berlin, 67-79.

— 1994, Enuma elisch, in: O. Kaiser et al., Texte aus der Umwelt des Alten Testaments Bd. III, Lieferung 4. Mythen und Epen II, Gütersloh, 565-602.

Lenglet A., 1972, La structure littéraire de Daniel 2-7: Biblica 53, 169-190.

Maier J., 1995, Die Qumran-Essener: Die Texte vom Toten Meer II (Uni-Taschenbücher 1863), Basel.

Moers G., 1995, Die Reiseerzählung des Wenamun, in: O. Kaiser et al., Texte aus der Umwelt des Alten Testaments Bd. III. Lieferung 5. Mythen und Epen III, Gütersloh, 912-921.

Newberry P. E., 1893, Beni Hasan II (Archaeological Survey of Egypt 2), London.

Norin St. I. L., 1977, Er spaltete das Meer. Die Auszugsüberlieferung in Psalmen und Kult des Alten Israel (Coniectanea Biblica. OT Series 9), Lund.

de Pury A., 1993, Homme et animal Dieu les créa. L'ancien Testament et les animaux (Essais Bibliques 25), Genève.

Redditt P. L., 1998, Daniel 11 and the Sociohistorical Setting of the Book of Daniel: Catholic Biblical Quarterly 60, 463-474.

Schroer S., 1995, Die Göttin und der Geier: Zeitschrift des Deutschen Palästinavereins 111, 60-80.

—/Staubli Th., 1998, Die Körpersymbolik der Bibel, Darmstadt.

Smith G., 1876, The Chaldean Account of Genesis, London.

von Soden W., 1936, Die Unterweltsvision eines assyrischen Kronprinzen: Zeitschrift für Assyriologie 9, 1-31.

Sorabji R., 1993, Animal Minds and Human Morals. The Origins of Western Debate, London.

Speelers L., 1917, Catalogue des intailles et empreintes orientales des Musées Royaux du Cinquantenaires, Bruxelles.

Staub U., 1978, Das Tier mit den Hörnern. Ein Beitrag zu Dan 7,7f., in: Freiburger Zeitschrift für Philosophie und Theologie 25, 351-397. – *Wieder abgedruckt als zweiter Beitrag in diesem Band.*

Süring M. L., 1980, The Horn Motif in the Hebrew Bible and Related Ancient Near Eastern Literature and Iconography (Andrews University Seminary Doctoral Dissertation Series 4), Berrien Springs.

Van Buren E. D., 1939, The Fauna of Ancient Mesopotamia as Represented in Art (Analecta Orientalia 18), Roma.

Van der Toorn K., 1998, In the Lions' Den: The Babylonian Background of a Biblical Motif: Catholic Biblical Quarterly 60, 626-640.

Wakeman M. K., 1973, God's Battle with the Monster. A Study in Biblical Imagery, Leiden.

Weber O., 1920, Altorientalische Siegelbilder, Leipzig.

Wiggermann F. A. M., 1992, Mesopotamian Protective Spirits: The Ritual Texts (Cuneiform Monographs 1), Groningen.

Wolff H. W., 1973, Anthropologie des Alten Testaments, München.

Zimmermann F., 1912, Die ägyptische Religion nach der Darstellung der Kirchenschriftsteller und die ägyptischen Denkmäler (Studien zur Geschichte und Kultur des Altertums V 5/6), Paderborn.

II

URS STAUB

DAS TIER MIT DEN HÖRNERN

EIN BEITRAG ZU DAN 7,7F.*

---

* Dieser Artikel wurde erstmals in der Freiburger Zeitschrift für Philosophie und Theologie, Band 25, 1978, veröffentlicht und ist hier als photomechanischer Nachdruck wiedergegeben.

Urs Staub

Das Tier mit den Hörnern

Ein Beitrag zu Dan 7, 7 f. [1]

Die ersten drei Tiere

Die «vier großmächtigen Tiere» in Dan 7,3–7 vertreten symbolisch vier altorientalische Mächte, wobei die ersten drei Lebewesen bestimmten zoologischen Gattungen angehören. Das erste Tier, ein Löwe, steht für das neubabylonische, das zweite, ein Bär, für das medische und das dritte, ein Leopard, für das persische Reich. Das vierte Tier, ein Emblem des griechisch-makedonischen Weltreiches [2], wird lediglich durch ein furchterregendes Verhalten und seine Attribute vorgestellt. Soweit ich zu sehen vermag, versuchte bisher kein Exeget unseres Textes ernsthaft, dieses letzte namenlose Lebewesen mit einem konkreten Tier zu identi-

[1] Dieser Artikel entstand – im März 1978 nochmals bearbeitet – im Rahmen einer größeren Schrift über das Thema «Die Tiervision im Danielbuch. Eine motivgeschichtliche und ikonographische Untersuchung zu Dan 7,2–8», mit der ich im Herbst 1977 das Lizentiat in Theologie an der Universität Freiburg (Schweiz) erwarb. Wertvolle Hinweise und klärende Gespräche verdanke ich besonders Prof. O. Keel, der das Wachsen der Arbeit mit viel Interesse verfolgte und dem als eifrigem Förderer meiner Studien dieser bescheidene Aufsatz gewidmet sei.

Mit Absicht wähle ich den Titel eines kleinen Beitrags von S. Morenz in: ZAW 63 (1951) 151–154, als Überschrift zum vorliegenden Aufsatz. Dort fand ich die wesentliche Spur, die mich schließlich zum hier entwickelten Diskussionsbeitrag in bezug auf das vierte Tier in Dan 7,7 f. führte.

[2] Wie ein Blick in die neueren Danielkommentare und die einschlägige Literatur zeigt, stellt die Identifizierung des Löwen mit Babylon, des Bären mit Medien, des Leoparden mit Persien und des vierten Tieres mit dem Griechentum bei wenigen Ausnahmen einen allgemeinen exegetischen Konsens dar.

fizieren. Im allgemeinen begnügten sich die Ausleger, in der Schilderung von Dan 7,7 f. einen «Drachen» zu erkennen. Bevor wir uns ausschließlich diesem «Drachen» zuwenden, möchte ich zu den ersten drei klar bezeichneten Tieren einige kurze Überlegungen entwickeln, die helfen sollen, die Exegese der Verse 7 und 8 vorzubereiten. Vorerst ist einmal die Frage zu klären, ob der Verfasser der Tiervision seine «apokalyptische Botschaft» mit fest geprägten mythischen Vorstellungen oder Schöpfungen der eigenen Phantasie oder konkreten alltäglich erfahrbaren Größen aufgebaut hat. Bei der Antwort aber, die Aufschluß über die Quellen zu den Tiervorstellungen der Vision geben sollte, gehen die Meinungen der Exegeten weit auseinander. Die verschiedenen Kommentatoren tragen zu eindeutige Kategorien an den Text heran, so daß eigentlich keiner der Lösungsvorschläge voll befriedigen kann.

Eine erste Gruppe von Exegeten versucht, eine konkrete mythische Erzählung als Quelle der vier Wesen in der Tiervision zu eruieren. H. Gunkel denkt dabei in seinem 1895 erschienenen Werk «Schöpfung und Chaos in Urzeit und Endzeit» ausschließlich an das babylonische Schöpfungsepos Enūma eliš [3]. Dabei nimmt er an, daß der Verfasser von Dan 7,2–8 das eine Chaosungeheuer der babylonischen Kosmogonie, das wohl die Merkmale eines Löwen, Adlers, Bären und Leoparden in sich vereinigte, zu Gunsten der vier Weltreiche in vier Tiere aufgespaltet habe [4]. Weitere Exegeten, die in dieser Frage H. Gunkel folgen, verweisen auf die Dämonen, Ungeheuer und Tiere, die Tiamat im Enūma eliš begleiten [5]. Zur selben Gruppe kann auch O. Eissfeldt gerechnet werden, der versucht, um das Unbefriedigende an der Lösung H. Gunkels zu überwinden, mit Hilfe der kanaanäischen Mythologie zum Ziel zu gelangen. Er sieht im vierten Tier eines der chaotischen Unwesen, die Baʿal mit Hilfe seiner

[3] Vgl. Schöpfung und Chaos in Urzeit und Endzeit. Eine religionsgeschichtliche Untersuchung über Gen 1 und Ap Joh 12, Göttingen 1895, 331–335.

[4] Vgl. ebd. 332 f. H. Gunkels Meinung wurde allerdings in der Zwischenzeit auch von solchen Autoren kritisiert, die seiner Intention, die Herkunft der vier Tiere aus einem bestimmten Mythos zu erklären, gefolgt sind. So A. Bentzen, Daniel, HAT I/19, Tübingen (2) 1952, 59.

[5] Vgl. z. B. J. Steinmann, Daniel. (Témoins de Dieu) Bd. 12, Paris 1950, 106. N. W. Porteous glaubt, bei dieser Stelle aus dem Enūma eliš (Tafel 1, 127–144, vgl. H. Gressmann [Hrsg.], Altorientalische Texte zum Alten Testament, Berlin, Leipzig (2) 1926, 112 f.) sei man den Tieren in Dan 7 auf der Spur. Vgl. Das Danielbuch, ATD 23 (übers. aus dem Englischen von W. Beyerlin und R. Walz), Göttingen 1962, 83 f. Nach D. K. Marti (Das Buch Daniel, KHC 18, Tübingen, Leipzig 1901, 50) kommt wenigstens das vierte Tier dem Chaosdrachen aus der baylonischen Mythologie nahe.

Schwester ʿAnat besiegen mußte [6]. Zudem erwägt der Autor eine mögliche Identifizierung des vierten Tieres mit dem Leviatan, der ebenfalls in den Texten aus Ugarit belegt ist und zur Zeit der seleukidischen Herrschaft im nördlichen Syrien zur Typhon-Gestalt ausgebildet wurde [7]. Dies obwohl die Eigenschaften des Ungetüms in Dan 7,7 f. sonst an der Leviatans-Gestalt im Alten Testament nicht in Erscheinung treten (vgl. Ijob 3,8; 40, 25; Ps 74, 14; 104, 26; Jes 27,1). E. MEYER, der das Ungenügen der obigen Vorschläge eingesteht, will aber trotzdem die Tiere von Dan 7,4–8 aus einem festgefaßten Mythos herleiten, indem er die Existenz eines uns heute unbekannten Epos, das von vier Tieren gehandelt haben soll, vermutet [8]. Trotzdem bleibt die Auffassung wenig überzeugend, daß der Verfasser der Tiervision einen festgefügten alten Mythos benutzt haben soll, der vielleicht im Juda des 2. Jahrhunderts v. Chr. gar nicht mehr bekannt oder kaum mehr verstanden worden war [9], um daraus eklektische Motive zu schöpfen. Nebst dem Vorwurf, daß diese Autoren allzusehr auf bloß eine der verschiedenen bekannten mythischen Erzählungen fixiert bleiben, ist festzustellen, daß die Frage nach der Herkunft der drei ersten Tiere, die mit Namen genannt werden, vernachlässigt oder überhaupt nicht geklärt wird. Ihr Bemühen richtet sich letztlich allein auf das vierte Tier ohne Namen, da seine Eigenarten und Attribute eine Identifizierung mit dem «Drachen» der Kosmogonie

[6] Vgl. Baal Zaphon, Zeus Kasios und der Durchzug der Israeliten durchs Meer. In: Beiträge zur Religionsgeschichte des Altertums 1 (1932) 25–27. Die einschlägigen Texte aus Ugarit finden sich bei A. HERDNER, Corpus des tablettes en cunéiformes alphabétiques. Découvertes à Ras Shamra-Ugarit de 1929 à 1939. In: Mission de Ras Shamra (hrsg. von F. A. SCHAEFFER), Bd. 10, Paris 1963, 11 f.: 2 (III AB), IV.

[7] Vgl. Einleitung in das Alte Testament. (Neue Theologische Grundrisse), Tübingen (3) 1964, 711. A. BENTZEN, der der Ansicht von O. EISSFELDT folgt, will erkennen, daß der Leviatan in der Schilderung des Typhon bei Apollodoros eine stark an Dan 7 erinnernde Ausgestaltung erfahren habe. Vgl. [Anm. 4] 61.

[8] Vgl. Ursprung und Anfänge des Christentums, Bd. 2, Stuttgart (5) 1925, 197. Daß der Autor dabei an einen iranischen Mythos zu denken scheint, zeigt ebd. 189 ff. Allerdings wird diese Ansicht nur von wenigen Exegeten gewürdigt. Vgl. A. BENTZEN [Anm. 4] 60. Eine ausführliche Kritik des Lösungsvorschlages von E. MEYER findet sich bei W. BAUMGARTNER, Ein Vierteljahrhundert Danielforschung. In: ThR 11 (1939) 218 f.; A. CAQUOT, Sur les quatre bêtes de Daniel VII. In: Semitica 5 (1955) 8, und M. DELCOR, Les sources du chapitre VII de Daniel. In: VT 18 (1968) 297.

[9] H. GUNKEL ([Anm. 3] 334) meint zwar auch, daß der Verfasser den Mythos in seiner anfänglichen Bedeutung nicht mehr kennen konnte. Allerdings stellt er doch fest, daß es ein «geistiges Eigentum» des Verfassers bleibt, den uralten Mythos auf die Jetztzeit hin aktualisiert zu haben (ebd. 335).

und der Mythen nahe zu legen scheinen. Dieser Hinweis wird dann bemüht, um eine Herkunft auch der übrigen Tiersymbolik aus diesem Umkreis wahrscheinlich zu machen. Darüber hinaus wird von dieser Exegetengruppe auf die geflügelten Mischwesen in Relief oder Vollplastik aus der assyrisch-babylonischen und der persischen Kunst hingewiesen, die für die ersten drei Tiere der Vision das Vorbild geliefert haben sollen. Dabei wird auch die Glyptik, die ähnliche Bildmotive liefert, nicht ganz vergessen. Dazu muß aber bemerkt werden, daß die Ausleger zwar auf das altorientalische Bildmaterial aufmerksam machen, ohne es aber genau zu betrachten. Denn sonst würden sie sofort bemerken, daß der Bär und der Leopard eher selten dargestellt werden und der geflügelte Löwe als Bildmotiv im Alten Orient beinahe gänzlich unbekannt geblieben ist[10].

[10] Beim Durchsehen der Tiermotive in den altorientalischen Kunstepochen erweisen sich solche Feststellungen wie: «geflügelte Löwen» zählen «zum Hausrat der babylonisch-assyrischen Plastik und Architektur» (J. GOETTSBERGER, Das Buch Daniel, Die Heilige Schrift des Alten Testamentes, hrsg. von F. FELDMANN und H. HERKENNE, VIII/2, Bonn 1928, 53), oder: sie dienen «besonders sinnvoll» dem neubabylonischen Reich als Chiffre, da sie in der babylonischen Kunst häufig anzutreffen seien (N. W. PORTEOUS [Anm. 5] 85), als recht oberflächlich hingeworfen. Der für den Alten Orient bedeutsame Löwe tritt zwar äußerst zahlreich in der bildenden Kunst auf, aber beinahe ausschließlich ohne Flügel. Prof. O. KEEL machte mich auf ein assyrisches Rollsiegel aufmerksam, welches einen vierflügeligen menschlichen Genius im Kampf mit zwei geflügelten Löwen zeigt. Der Zylinder ist zu finden in L. SPELEERS, Catalogue des intailles et empreintes orientales des musées royaux des Cinquantenaire, Bruxelles 1917, 182 Abb. 553. Bei L. DELAPORTE (Catalogue des cylindres orientaux et des cachets assyro-babyloniens, perses et syro-cappadociens de la bibliothèque nationale, Bildbd., Paris 1910, Taf. XXXVIII, Abb. 623. 626. 628) sind ebenfalls Siegel mit dem Motiv des geflügelten Löwen aus persischer Zeit zu finden. Dabei bleibt aber unsicher, ob es sich bei den beiden letzten Nummern nicht eher um löwenartige Mischwesen handelt. Diese mir bis jetzt einzig zugänglichen Darstellungen des geflügelten Löwen machen deutlich, daß dieser in der mesopotamischen Bildkunst bekannt gewesen sein dürfte. Doch die Tatsache, daß dieses Motiv sich nur schwer finden läßt, verweist es wohl nicht gerade in den «Hausrat» der assyrisch-babylonischen Plastik. Prof. O. KEEL wies mich auch darauf hin, daß beim Motiv des «Herrn der Tiere» die überwundenen Tiere öfters mit Flügeln erscheinen, was aber ausgerechnet beim Löwen nie der Fall zu sein scheint (bis auf die oben erwähnte Ausnahme). Auch M. NOTH (Das Geschichtsverständnis der alttestamentlichen Apokalyptik. In: Gesammelte Studien zum Alten Testament. Theologische Bücherei, Neudrucke und Berichte aus dem 20. Jahrhundert, Bd. 6, München (2) 1960, 267) und G. BEHRMANN (Das Buch Daniel, HK Abt. 3: Die prophetischen Bücher, III/2, Göttingen 1894, 44) wollen, wenn auch weniger nachdrücklich wie die oben zitierten Autoren, den geflügelten Löwen in der gesamten altorientalischen Bilderwelt wiederfinden. Wie sehr aber ein solches Urteil auf eine mangelhafte Beschäftigung mit der Bildkunst des Alten Orients und die ungenaue Beobachtung ihrer Themen zurückzuführen ist, zeigt der Hinweis M. DELCORS auf die Kolossalfiguren am Eingang zum

Eine zweite Gruppe von Kommentatoren versucht, die Tiere der Vision in Dan 7 rein literarisch allein aus dem alttestamentlichen Textbestand herzuleiten. Der Platz, den das alttestamentliche Schrifttum in der jüdischen Religion erlangt hat, scheint diesen Versuch zu rechtfertigen [11]. H. JUNKER sieht in den ersten drei Tieren die gefährlichsten Raubtiere, die Israel kennt, wobei er deren Attribute als bloß phantastische Ausmalungen abtut [12]. Auch weigert sich der Autor, die alten Symbole des Orients näher zu untersuchen und verweist nachdrücklich auf die alttestamentlichen Stellen, in denen die einzelnen Tiere von Dan 7 im Verband mit verschiedenen Raubtieren aufgeführt werden. Andere Ausleger äußern sich ebenfalls in diesem Sinne und warnen, im Auftauchen eines Löwen, Bären und Leoparden einen tieferen Sinn zu suchen. Die geheimnisvollen, eigenartigen Attribute der Tiere werden zusammenfassend mit den Worten abgetan: «Daraus, daß er [der Verfasser von Dan 7,2–8] uns diese Züge nicht näher deutet, dürfen wir schließen, daß er selbst sie auch nicht genau verstand oder mit der Erwähnung dieser Züge keine besondere Absicht hatte» [13]. Aber auch dieser Exegetengruppe ist ihr Fixiertsein auf einen einzig möglichen Erklärungsgrund vorzuwerfen. Die Einflüsse, denen die Juden zur Zeit der hellenistischen Kultur ausgesetzt waren, und eine mögliche gemeinorientalische Denk- und Erfahrungsbasis, in die Israel ebenfalls miteinbezogen war, werden dabei nicht einmal als erwägenswert betrachtet. Bereiten die ersten drei

Palast des Assurbanipal in Nimrud (vgl. J. PRITCHARD [Hrsg.], The Ancient Near East in Pictures Relating to the Old Testament, Princeton-New Jersey 1954, Nr. 646 f.) als Beispiele für die Darstellung des «geflügelten Löwen». Tatsächlich handelt es sich dabei aber um einen stehenden, geflügelten Sphinx und um ein geflügeltes Mischwesen mit Stierleib und Menschenkopf. Vermutlich rührt die Meinung der Ausleger, es handle sich beim geflügelten Löwen um ein Standmotiv der babylonisch-assyrischen Kunst, von den unzähligen Darstellungen des «Löwendrachen» her, der die Aspekte des Chaotischen, der lebensfeindlichen Unordnung darstellt. Dabei bleibt aber nur immer ein Teil des Drachenkörpers als Löwe gestaltet; oft werden lediglich Glieder oder Extremitäten des Löwen bei der Komposition solcher Wesen verwendet.

[11] Diesen Vorzug gegenüber anderen Erklärungsversuchen billigt A. CAQUOT ([Anm. 8] 8) den betreffenden Kommentatoren zu.

[12] Vgl. Untersuchungen über literarische und exegetische Probleme des Buches Daniel, Bonn 1932, 36 f. 40 f. Auch M. NOTH ([Anm. 10] 267) warnt davor, die einzelnen Züge der Tiere allzu allegorisch auszulegen, obwohl er in den ersten drei Wesen weniger die bekannten Raubtiere sieht, sondern vor allem «groteske Mischwesen», die aus der altorientalischen Bildkunst herzuleiten sind.

[13] M. A. BEEK, Das Danielbuch. Sein historischer Hintergrund und seine literarische Entwicklung, Diss. theol., Leiden 1933, 9; vgl. dazu A. BENTZEN [Anm. 4] 59.

Tiere unserer Vision den Interpreten Mühe, die die Herkunft der Tiermotive in Dan 7 allein aus einem mythischen Epos zu erklären versuchen, so legt diese Gruppe von Exegeten alles Gewicht auf die klar bezeichneten Tiere und stößt sich am vierten Wesen ohne Namen. Um der Schwierigkeit zu entgehen, nicht doch wieder auf eine mythische Erklärung zurückgreifen zu müssen, weisen sie darauf hin, daß das vierte Tier den Gipfel an Bosheit zu repräsentieren habe und deshalb dem Apokalyptiker kein konkretes Tier bösartig genug erschien, um ihm als Chiffre dafür dienen zu können [14].

Eine dritte kleinere Gruppe von Exegeten versucht seit neuerer Zeit, die Vorstellung der vier Tiere in Dan 7 aus der komplizierten babylonischen Astralgeographie, wie sie uns in den Fragmenten der astrologischen Lehre des Teukros des Babyloniers aus dem 1. Jahrhundert n. Chr. überliefert ist, herzuleiten [15]. Wenn auch eine gewisse Vertrautheit des

[14] Vgl. H. JUNKER [Anm. 11] 37. Letztere Ansicht wird auch vertreten bei N. W. PORTEOUS [Anm. 5] 86, A. LACOCQUE, Le livre de Daniel. Commentaire de l'ancien Testament (hrsg. von R. MARTIN-ACHARD, S. AMSLER, A. CAQUOT u. a.). XVb, Neuchâtel, Paris 1967, 107, und K. KOCH, Spätisraelitisches Geschichtsdenken am Beispiel des Buches Daniel. In: Historische Zeitschrift 193 (1961) Heft 1, 16 f.

[15] Hier sind vor allem A. CAQUOT ([Anm. 8] 5–13 und M. DELCOR ([Anm. 8] 290–312) zu erwähnen. Bereits G. von RAD (Theologie des Alten Testamentes, Bd. 2, München (3) 1960, 320 Anm. 12), J. STEINMANN ([Anm. 5] 106 f.) und W. BAUMGARTNER ([Anm. 8] 43 f.) scheinen diese Interpretation nicht ganz auszuschließen. Die babylonischen Gelehrten begannen durch zwölf figürliche Darstellungen die in zwölf Zonen eingeteilten charakteristischen Sternkonstellationen bildlich darzustellen und fügten jedem dieser Sternkreiszeichen drei Paranatellonta, die durch Tiere repräsentiert wurden, bei. Diesen zweiten Kreis von insgesamt 36 Paranatellonta, eingeführt wohl auch unter ägyptischem Einfluß (vgl. A. CAQUOT [Anm. 8] 11 und M. DELCOR [Anm. 8] 298), nannten die Griechen den Dodekaoros mit seinen 36 Dekanen (vgl. W. GUNDEL, Dekane und Dekansternbilder. Ein Beitrag zur Geschichte der Sternbilder der Kulturvölker, Darmstadt (2) 1969, 309–312). Aus einer Anzahl geographischer Gebiete wurden nun einem bestimmten Zodiakzeichen und damit auch den jeweiligen drei Paranatellonta ein Land zugeordnet. Die drei mit einem Namen versehenen Tiere aus Dan 7 finden sich zwar nicht unter den Sternkreiszeichen des babylonischen Zodiaks, jedoch sind sie im Kreis der Paranatellonta anzutreffen. Der Löwe ist eines der drei Paranatellontazeichen, die zum Sternbild der Jungfrau, dem Babylon und damit der ganze Süden unterstellt ist, gehören. Medien ist in der Astralgeographie zwar nicht aufgeführt, doch dessen Chiffre in Dan 7, der Bär, wird als Dekanzeichen dem Krebs zugeordnet, der Armenien und damit den Norden anführt (vgl. A. CAQUOT [Anm. 8] 11 f.). Persien untersteht in der Astralgeographie des Teukros dem Sternbildzeichen des Widders, dem die Katze als eines der drei Dekanbilder beigeordnet ist. Da die Katze als domestiziertes Haustier den Semiten unbekannt gewesen zu sein scheint, vermuten A. CAQUOT ([Anm. 8] 11) und M. DELCOR ([Anm. 8] 299), daß sie in Dan 7 durch den Panther ersetzt wurde.

Verfassers der Vision in Dan 8 mit dem klassischen Zodiak festzustellen ist, da dort der Widder und der Steinbock eingeführt werden, die gemäß der astrologischen Geographie für das Schicksal Persiens und Syriens zuständig sind [16], bleibt es doch unwahrscheinlich, daß ein System von 36 Tierbildern, die dazu noch auf ein weiteres System mit 12 Zeichen aufgeteilt sind, als die sichere Grundlage für eine Aufzählung von bloß drei Tieren erwiesen werden kann. Auch muß es fraglich bleiben, ob angesichts der spärlichen und späten Zeugen der Zodiakvorstellung in Israel diese Astralgeographie im 2. Jahrhundert v. Chr. dort überhaupt in ihrem ganzen Ausmaß bekannt sein konnte [17]. Weiter muß bedacht werden, daß der Schriftsteller der Tiervision seinen Lesern in den Schwierigkeiten der eigenen Zeit eine Hoffnung für die Zukunft eröffnen wollte. Diese seine Predigt sollte, esoterisch ist die Schrift wohl nicht aufzufassen, möglichst vielen Glaubensgenossen Trost schenken. Dazu aber mußten die Bilder und Symbole, in die er seine Botschaft einkleidete, verstanden werden [18]. Der Figurenschatz, den der Verfasser von Dan 7 benutzte, erhellt also nicht nur sein eigenes intellektuelles und kulturelles Vermögen, sondern vor allem dasjenige seines Zielpublikums. Da auch diese Kommentatoren eine Herkunft aus dem mythischen Umkreis klar verneinen, bleiben sie allein auf die drei Tiere mit Namen verwiesen und flüchten sich bei der Interpretation des vierten Wesens ebenfalls hinter den nicht

[16] So jedenfalls A. Bentzen ([Anm. 4] 69), der dazu noch weitere Literatur anführt.

[17] Allerdings fand sich in Gezer eine Zylinder-Abrollung in Ton aus hellenistischer Zeit, auf der Tiersternkreiszeichen, wenn auch nicht in der üblichen Ordnung, zu sehen sind. Vgl. R. A. S. Macalister. The Excavation of Gezer 1902–1905 and 1907–1909, Textbd. 2, London 1912, 347–349 Fig. 465 f. Derselbe Autor stellt noch einen zweiten Siegelabdruck ähnlichen Inhaltes, allerdings nur als Bruchstück erhalten, vor (ebd. Bildbd. Taf. CCXIV Fig. 26). M. Delcor (Recherches sur un horoscope en langue hébraïque provenent de Qumran. In: RQ 5 (1964–1966) 521–542) weist auf den Fund eines Horoskops in Qumran aus dem 1. Jahrhundert v. Chr. hin, das zeigt, daß sich gewisse jüdische Kreise um den Einfluß der Gestirnskonstellationen auf den Menschen im Moment seiner Geburt kümmerten. Als Beweis einer gewissen astrologischen Tradition in Israel wird auf die Mosaiken der nachchristlichen Synagogen von Bet Alpha, Aïn Douq und ʻEsfia verwiesen, auf denen die Zodiakzeichen mit ihren Namen in hebräischer Schrift dargestellt sind (Vgl. M. Delcor [Anm. 8] 300). Allerdings erblickt A. Barrois (Manuel d'archéologie biblique, Bd. 2, Paris 1953, 169) in den Sternkreiszeichen der Synagogenmosaiken eher ein dekoratives Element als eine strikte Darstellung astrologischer Lehrgebäude.

[18] Vgl. dazu die Überlegungen bei A. Caquot, Les quatre bêtes et le «fils d'homme» (Daniel 7). In: Semitica 17 (1967) 37.

sehr originellen Einwand: «La quatrième bête est en dehors de la série, c'est un monstre sans nom, car l'empire séleucide représente avec Antiochus Epiphane le degré suprême de l'abomination» [19].

Der entscheidende Mangel aber, den alle mir bekannten Erörterungen über den Ursprung der Tiermotive zu Dan 7,2–8 miteinander teilen, scheint darin zu liegen, daß sie zu wenig oder überhaupt nicht beachten, wie sehr gerade eine konkret erfahrbare, alltägliche Größe für den altorientalischen Menschen zum Symbol einer grundlegenden Einsicht werden konnte; eben zu einer mythischen Kategorie in ihrer konkreten Gestalt. Dieser Sachverhalt läßt sich bei jedem einzelnen der vier Tiere in unserer Vision aufzeigen [20]. Im folgenden beschränke ich mich auf den «Drachen», und es soll versucht werden, zu zeigen, daß von dieser Grundüberlegung her vermutlich auch hinter ihm ein konkretes Tier gesehen werden darf. Denn der zweiten Exegetengruppe ist insofern recht zu geben, daß der Verfasser von Dan 7 die in Israel bekannten gefährlichen Tiere als Chiffren benutzte, um das Gewalttätige der menschlichen Weltreiche darzustellen. Es soll nicht weiter vergeblich in den bekannten mythischen Epen und in verwirrenden kosmischen Systemen nach einem

[19] A. Caquot [Anm. 8] 12.

[20] So gefährden konkrete und empirisch faßbare Raubtiere, wenn sie ihren Lebensraum, die Wüste oder die Steppe, dort wo der Mensch nicht wohnen, wo seine Ordnung nicht errichtet werden kann, verlassen, diese menschliche Ordnung in chaotischer Weise. Dazu brauchen die Tiere keinen besonders phantasievollen Charakter aufzuweisen. Auch die Attribute, die den vier Tieren in der Vision von Dan 7 beigefügt werden, geben ihnen nicht erst einen «mythisch-chaotischen» Charakter, sondern dienen bloß zur Verdeutlichung von Sinngehalten, deren Träger die Tiere auch aus sich selber heraus zu sein vermögen. Gottes Hand formte die formlose Materie zur geordneten Welt, zur Welt des Menschen. Daneben wird aber auch das beständige Gefährdetsein dieser Ordnung erfahren; dies eben nicht zuletzt durch das Einbrechen wilder Tiere. Weish 11,17 räumt Gott die Möglichkeit ein, diese Welt wieder in ein Chaos zurücksinken zu lassen, wenn er sie mit Bären und grimmigen Löwen zu bevölkern beginnt (vgl. 2 Kön 17,25 f.). Der Mensch weiß, daß ihm in der straßenlosen Wüste oder im sumpfigen Dickicht, die nicht seine Welt sind, das Chaos in der Art von wilden Tieren auflauert; schlimm wird es erst, wenn dieses die ihm gesetzten Grenzen nicht mehr respektiert (vgl. für den Löwen: 2 Kön 17,25 f.; Jer 4,7; 25,38; 49,19; Klgl 3,10 f.; Ijob 38,39 f.; Ps 10,9; 17,12 u. a., für den Bären: Klgl 3,10; Weish 11,17, für den Leoparden: Jer 5,6; Hld 4,8). Deshalb werden Löwe, Bär und Leopard als natürliche Träger des Chaosgedankens leicht zum Symbol für die chaotischen Zustände, die beim Einfall fremder Kriegstruppen entstehen. So werden etwa die feindlichen Könige von Assyrien und Babylon in ihrem Wüten gegen Israel mit einem Löwen verglichen (Jer 4,7; 50,17). Durch das Auftauchen der vier grausamen Tiere aus dem Meer wird das Zerstörerische an den Weltmonarchien, die Israel in den Chaosstrudel zu stoßen drohen, deutlich offenbar.

Wesen gesucht werden, das nur mühevoll mit dem vierten Tier idenifiziert werden kann. Ohne dieses zu einem reinen Phantasieprodukt zu erklären, wird versucht, die Verse 7 und 8 unter Zuhilfenahme der Ikonographie auf ein bestimmtes Tier hin auszudeuten. Aber auch die erste Exegetengruppe, die besonders im vierten Tier die Verkörperung der Chaosmacht sehen will, wird zu ihrem Recht kommen. Am vierten Tier soll aufgezeigt werden, wie gerade es als ein konkretes Wesen bei seinem Einbrechen in die geordnete Welt des Menschen dessen Ordnung zum Erliegen bringt.

Das vierte Tier

Das vierte namenlose Tier, das dem großen aufgewühlten Meer entsteigt, wird in beinahe allen neueren Kommentaren mit der griechisch-hellenistischen Macht identifiziert [21]. Auch die Exegeten, die im dritten Tier, dem Leoparden, bereits das Reich Alexanders d. Gr. unter Einschluß der nachfolgenden Diadochenherrschaften erkennen wollen [22], interpretieren das vierte Tier ebenfalls auf eine griechische Monarchie hin; nämlich auf die seleukidische Dynastie [23]. D. K. MARTI sieht im furchtbaren Wüten des vierten Tieres eine Anspielung auf die totale Niederlage, die das persische Reich durch Alexander d. Gr. erlitt, und die Umgestaltung der gesamten politischen Ordnung des Orients durch die makedonischen Eindringlinge [24]. Daß der Verfasser von Dan 7 die Einleitung zum Auftreten des vierten Tieres ebenso breit gestaltet wie die zur gesamten Vision in Dan 7, 2, zeigt, daß das Gesicht seinen Höhepunkt erreicht hat [25]. Die detaillierte Deutung des vierten Tieres in Dan 7, 23–25 unterstreicht das Interesse, das der Verfasser der ihm zeitgenössischen Macht entgegen-

[21] Vgl. unter anderen J. GOETTSBERGER [Anm. 10] 54; N. W. PORTEOUS [Anm. 5] 86; O. PLOEGER, Das Buch Daniel, KAT 18, Gütersloh 1965, 116; D. K. MARTI [Anm. 5] 50; G. BEHRMANN [Anm. 10] 45; A. BENTZEN [Anm. 4] 65; A. LACOCQUE [Anm. 14] 107; M. NOTH [Anm. 10] 269 f. und K. KOCH [Anm. 14] 16.

[22] Vgl. D. BUZY, Les symboles de Daniel. In: RB 15 (1918) 415 f.

[23] Vgl. DERS., ebd. 417 f. Der Autor rechnet dabei noch einmal Alexander d. Gr., den er bereits durch den Leoparden chiffriert sein ließ, zu der durch das namenlose Tier vertretenen vierten Monarchie.

[24] Vgl. [Anm. 5] 50. G. BEHRMANN ([Anm. 10] 45 f.) warnt jedoch davor, die Andersartigkeit der vierten Herrschaft allzu sehr in ihrem okzidentalen Charakter zu suchen.

[25] Vgl. A. BENTZEN [Anm. 4] 57; J. GOETTSBERGER [Anm. 10] 54; K. KOCH [Anm. 14] 16; M. NOTH [Anm. 10] 269 und N. W. PORTEOUS [Anm. 5] 86.

bringt, die er deshalb besonders anschaulich zu schildern vermag [26]. Einige Ausleger legen besonderes Gewicht auf die Verschiedenartigkeit der vierten Weltmacht gegenüber ihren Vorgängerinnen [27]. Gerade der scheinbar fehlende Vergleich aus der Zoologie soll die Andersartigkeit des vierten Tieres unterstreichen. Wie bereits oben dargelegt, haben die Ausleger der Frage, ob es sich beim namenlosen Tier überhaupt um eine zoologische Größe handelt, viel Raum gegeben. Es fällt auf, daß obwohl diesem Tier zwei Verse (Dan 7,7 f.) gewidmet sind, sein Gesamtbild undeutlich bleibt [28].

Als erstes Attribut des vierten Tieres werden seine Zähne aus Eisen genannt, was einen Bezug zum metallenen Reich in Dan 2 herstellt [29]. Dieses erste Attribut des vierten Tieres ergänzt Hippolytos in seinem Kommentar zu Daniel, in Vers 7, durch die Klauen aus Kupfer (*ṭprjh dj ̄nḥš*), über die das Tier bei seiner zweiten Schilderung in Dan 7,19 verfügt [30]. Doch bloß einzelne Exegeten stimmen dieser Textergänzung in Dan 7,7 zu [31]. Das für den Verfasser wichtigste Merkmal, welches am vierten Tier haftet, sind dessen Hörner, die den Raum eines ganzen Verses beanspruchen. Ein großer Teil der Kommentatoren versucht, die zehn Hörner als zehn nacheinander auftretende Monarchen zu deuten [32], wie es bereits das Sibyllinische Orakel (III 388–400) für die zehn Hörner in der Zeile 396 voraussetzt [33]. Einzig J. GOETTSBERGER möchte eine Deutung der zehn Hörner als zehn kleinere, parallel nebeneinander bestehende Teilreiche nicht ganz ausschließen [34]. Damit besteht unter den Auslegern ein Kon-

[26] Vgl. A. BENTZEN [Anm. 4] 65.

[27] Vgl. D. K. MARTI [Anm. 5] 50; G. BEHRMANN [Anm. 10] 45; A. BENTZEN [Anm. 4] 58; K. KOCH [Anm. 14] 16 und M. NOTH [Anm. 10] 269.

[28] Vgl. O. PLOEGER [Anm. 21] 109.

[29] Vgl. N. W. PORTEOUS [Anm. 5] 86.

[30] Vgl. N. W. PORTEOUS [Anm. 5] 92 f.; D. K. MARTI [Anm. 5] 50 und A. BENTZEN [Anm. 4] 48.

[31] Vgl. O. PLOEGER [Anm. 21] 104. 115. Prof. G. SCHELBERT (Freiburg/Schweiz) wies mich darauf hin, daß es in den Visionsschilderungen üblich sei, bei der zweiten Darstellung des Geschauten während der Deutung noch Elemente hinzuzufügen. Seiner Meinung nach handelt es sich dabei um ein Bemühen des Verfassers, den Visionsbericht und dessen Deutung auch stilistisch voneinander abzugrenzen.

[32] Vgl. unter anderen J. GOETTSBERGER [Anm. 10] 54 f.; N. W. PORTEOUS [Anm. 5] 86 f.; D. K. MARTI [Anm. 5] 50 f.; O. PLOEGER [Anm. 21] 116 f.; A. BENTZEN [Anm. 4] 58. 61; A. LACOCQUE [Anm. 14] 107 und D. BUZY [Anm. 22] 417 f.

[33] Vgl. die Übersetzung der Or Sib III 388–400 in P. RIESSLER, Altjüdisches Schrifttum außerhalb der Bibel, Heidelberg (2) 1966, 1025 f.

[34] Vgl. [Anm. 10] 54 f.

sens, daß die Hörner als Hinweis auf historische Ereignisse verstanden werden wollen, und zwar auf konkrete hellenistische Monarchen des makedonisch-griechischen Reiches [35]. Diese Identifizierung der Hörner mit historischen Herrschern hat eine bis heute nicht beendete Diskussion unter den Auslegern entfacht. Einige Kommentatoren verzichten gänzlich auf eine nähere Bestimmung der Hörner und erklären deren Zehnerzahl als Chiffre für die aufgesplitterte Diadochenherrschaft insgesamt [36]. A. Bentzen wird nicht unrecht haben, wenn er die letztere Position ablehnt und meint: «der Apokalyptiker wird über die spätere Zeit sehr gut unterrichtet gewesen sein» [37]. Es läßt sich im Danielbuch, besonders in Dan 11, eine gute Kenntnis der politischen Zeitgeschichte aufweisen, über die der Verfasser oder ein Endredaktor verfügt haben muß [38].

Jede Interpretation der zehn Hörner auf historische Monarchen des hellenistischen Reiches hin muß vom elften, dem kleinen, die anderen aber bald überragenden Horn ausgehen. Die Analogielosigkeit des vierten zu den ersten drei Tieren wird nun in Dan 7,8 auf das kleine Horn über-

[35] Vgl. dazu M. Noth [Anm. 10] 270 und O. Ploeger [Anm. 21] 116.

[36] So J. A. Montgomery, A Critical and Exegetical Commentary on the Book of Daniel (ICC), Edinburgh 1927, 293 Anm. 1; G. Behrmann [Anm. 10] 46 und J. Junker [Anm. 11] 44.

[37] Vgl. [Anm. 4] 67.

[38] Damit soll nicht behauptet werden, Dan 7 und 11 hätten denselben Verfasser. Es bleibt nur festzustellen, daß zur Zeit der endgültigen Redaktion (frühe Makkabäerzeit) des uns vorliegenden Buches, in der auch die Visionen Dan 7–12 hinzugefügt wurden, beim Bearbeiter (den Bearbeitern) eine genaue Kenntnis der Tagespolitik, allerdings nur dieser, vorlag. Vgl. dazu noch O. Kaiser, Einleitung in das Alte Testament. Eine Einführung in ihre Ergebnisse und Probleme, Gütersloh (2) 1970, 248, und A. Bentzen [Anm. 4] 67. In Dan 11,5 wird vom Emporkommen des ersten Seleukiden Seleukos I. Nikator, in Dan 11,6 die Heirat zwischen der lagidischen Prinzessin Berenike und Antiochos II. Theos, einem Enkel des Nikator, berichtet. Mit Dan 11,7–9 wird an die fortwährende Feindseligkeit zwischen Seleukos II. Kallinikos und Ptolemaios III. Euergetes erinnert. Dan 11,10 berichtet die Besiegung Ägyptens durch Seleukos III. Soter und Dan 11,11 f. den Mißerfolg Antiochos III. d. Gr. in der Schlacht bei Raphia (217 v. Chr.). In Dan 11,13–16 wird der Erfolg Antiochos III. d. Gr. gegen die Ptolemäer erzählt, welcher den Seleukiden den Besitz Koilesyriens, Palästinas und Phönikiens einbrachte, und in Dan 11,17 ist die Vermählung der Tochter des Antiochos III., Kleopatra, mit Ptolemaios V. Epiphanes erwähnt. Dan 11,18 f. bezeugt die Intervention Roms, um in der Schlacht bei Magnesia (189 v. Chr.) die Macht Antiochos III. zu brechen, und Dan 11,20 berichtet von Seleukos IV. Philopator und dessen Günstling Heliodor, der den Herrscher vermutlich ermorden ließ; in Dan 11,21 wird Antiochos IV. Epiphanes eingeführt. Vgl. dazu A. Lacocque [Anm. 14] 26; U. Wilcken, Antiochos. In: Pauly-W I, Stuttgart 1894, 2455–2457. 2459–2470 und Staehlin, Seleukos. In: Pauly-W IIA, Stuttgart 1923, 1235–1245.

tragen, um es von den übrigen Hörnern abzuheben [39]. Die Kommentatoren sind sich wenigstens in diesem einen Punkt der kontroversreichen Exegese des Danielbuches einig, daß es sich bei diesem elften Horn nur um Antiochos IV. Epiphanes, den Seleukidenherrscher, handeln kann [40]. Antiochos IV. Epiphanes, ein Sohn Antiochos III. d. Gr., lebte gemäß dem von den Römern diktierten Frieden von Apamea (189 v. Chr.) längere Zeit als Geisel in Rom, während sein Bruder Seleukos IV. Philopator die Herrschaft in Asien führte. Seleukos IV. löste ihn aus der Geiselhaft, indem er dafür seinen eigenen Sohn Demetrios nach Rom sandte (175 v. Chr.). Allem Anschein nach wurde Seleukos IV. von seinem hohen Beamten Heliodor ermordet, worauf Antiochos IV. den Thron gegen die Rechte des Demetrios in Rom für sich beanspruchte. Dieser König geriet im Verlauf seiner Regierung in den folgenschweren Konflikt mit der jüdischen Religionsgemeinschaft, den er durch seine auch anderweitig belegte Verehrung für das Hellenentum auslöste und der den Hintergrund zur letzten Fassung des Danielbuches bildete [41]. Die Chiffre für Antiochos IV., das kleine Horn, wird mit Attributen, die auch sonst im Danielbuch mit diesem König in Verbindung gebracht werden, ausgeschmückt. So führt Antiochos IV. anmaßende Reden gegen die Heiligen des Höchsten (Dan 7, 25), reißt seinen Mund gegen Gott in ungeheuerlicher Hybris auf (Dan 11,36) und besitzt ein freches Gesicht (Dan 8,23) [42].

Vom gesicherten Ausgangspunkt her, daß das kleine Horn den Seleukiden Antiochos IV. Epiphanes chiffriert, versuchen nun die Ausleger eine Liste mit zehn Monarchen aus der seleukidischen Dynastie zu entwerfen. Dabei wird diese Aufzählung in eine Siebner- und eine Dreiergruppe zerlegt, da die Identifizierung der drei Hörner, die vor dem kleinen Horn ausgerissen werden, zusätzliche Schwierigkeiten bietet. Für diese drei Hörner müssen drei historische Persönlichkeiten gefunden werden, die zur selben Zeit mit Antiochos IV. gelebt haben und von diesem

[39] Vgl. O. Ploeger [Anm. 21] 116; A. Bentzen [Anm. 4] 58 und K. Koch [Anm. 14] 17.

[40] Vgl. O. Ploeger [Anm. 21] 117, der in diesem Falle von «Einmütigkeit» unter den Exegeten spricht. Anzugeben wären hier alle bereits öfters zitierten Kommentare und Aufsätze. Vgl. auch J. Steinmann [Anm. 5] 117.

[41] U. Wilcken [Anm. 40] 2470–2476 und Staehlin [Anm. 40] 1242–1245.

[42] Vgl. A. Lacocque [Anm. 14] 108. J. Goettsberger ([Anm. 10] 60) stimmt zwar mit der gängigen Ansicht überein, meint aber darüber hinaus, daß mit dem kleinen Horn nicht allein Antiochos IV., sondern «im typisch-mystischen Sinn auch der Antichrist» gemeint sei.

um ihre legitimen Thronrechte gebracht wurden [43]. Der Aufbau der Dreierreihen wird natürlich durch die jeweilige Liste mit den sieben Monarchen, die vom einzelnen Exegeten als richtig angesehen wird, mitbestimmt. So ergeben sich die folgenden möglichen Herrscherlisten, die bei der Exegese von Dan 7,7 f. oft verwendet werden (siehe Tabelle):

E. Bickermann bereichert die Lösungsvorschläge noch mit einer bisher kaum beachteten, rein ptolemäischen Dreierliste: Ptolemaios VI. Philometor – Ptolemaios VII. Euergetes II. – Kleopatra II. Bei diesen Personen handelt es sich um die Beherrscher Ägyptens und um Geschwister und Gatten zugleich, die von ihrem Onkel Antiochos IV. Epiphanes erfolgreich bekämpft wurden, bis er in Eleusis vor Alexandrien vom römischen Legaten Popilius Laenas zur Umkehr aufgefordert wurde [44].

So interessant und einleuchtend jeder dieser Lösungsversuche bleibt, muß doch wohl mit A. Bentzen festgestellt werden: «wir sind indes nicht mehr imstande, seine [des Verfassers] Aufzählung eindeutig zu rekonstruiren» [45]. Nach dieser Erörterung scheint mir jedoch sicher zu sein, daß der Verfasser von Dan 7 ausreichende Kenntnisse über die zeitgenössische Politik besaß und er ihren Prozeß mit den Hörnern am vierten Tier chiffriert darzustellen versuchte [46].

[43] D. K. Marti ([Anm. 5] 51) sieht im «klein» des letzten Hornes das anfängliche Schwachsein des Antiochos, der sich dann, obwohl nicht erbberechtigt, ränkevoll den Thron erschlich.

[44] Vgl. Four Strange Books of the Bible. Jonah/Daniel/Koheleth/Esther, New York 1967, 104 und zur Geschichte vgl. U. Wilcken [Anm. 38] 2471–2474.

[45] [Anm. 4] 67. Was aber nicht heißt, daß der Autor damit die Meinung derjenigen teilt, die in der Zehnzahl der Hörner bloß ein Bild des zersplitterten griechischen Reiches sehen und eine Identifizierung der Hörner für zwecklos halten. In diesem Sinne äußert sich ebenfalls O. Ploeger ([Anm. 21] 116).

[46] D. Buzy ([Anm. 22] 418) stellt zusätzlich zur Diskussion, ob die drei Hörner, die vor dem elften Horn ausgerissen werden, nicht eine Chiffre für Taten sind, die Antiochos IV. Epiphanes nach seiner Thronbesteigung unternommen hat. Der Autor gibt zwar zu, daß es sich in Dan 7,8 scheinbar um drei Thronprätendenten handelt. Durch das *kdmjh* von Dan 7,20 und in Dan 7,24b wird seiner Ansicht nach keinerlei Beziehung zwischen Antiochos IV. und seinen Opfern hergestellt, so daß D. Buzy in den drei Hörnern lieber drei ausländische Gegner als drei Vorgänger des Seleukiden sähe. Er verbindet durch das von ihm oft verwendete Postulat der «symbolischen Analogie» Dan 7, 8a mit Dan 8,9, wo dem griechischen Ziegenbock ein kleines Horn wächst, das groß wird und nach den drei Richtungen Süden, Osten und Westen hin vorstößt.

Vgl. H. L. Ginsberg und W. Baumgartner [47]	Vgl. D. K. Marti [52]	Vgl. H. H. Rowley, N. W. Porteous und A. Bentzen [54]	Vgl. O. Ploeger [56]
Alexander d. Gr.	Alexander d. Gr.		
Alexander IV. [48]			
Seleukos I. Nikator	Seleukos I. Nikator	Seleukos I. Nikator	Seleukos I. Nikator
Antiochos I. Soter	Antiochos I. Soter	Antiochos I. Soter	Antiochos I. Soter
Antiochos II. Theos	Antiochos II. Theos	Antiochos II. Theos	Antiochos II. Theos
Seleukos II. Kallinikos	Seleukos II. Kallinikos	Seleukos II. Kallinikos	Seleukos II. Kallinikos
			Antiochos Hierax [57]
Seleukos III. Soter	Seleukos III. Soter	Seleukos III. Soter	Seleukos III. Soter
	Antiochos III. d. Gr.	Antiochos III. d. Gr.	Antiochos III. d. Gr.
		Seleukos IV. Philopator	
Antiochos III. d. Gr. [49]			
Seleukos IV. Philopator [50]	Seleukos IV. Philopator		Seleukos IV. Philopator
	Heliodor		
	Demetrios [53]	Demetrios	Demetrios
Antiochos [51]		Antiochos	Antiochos
		Ptolemaios VI. Philometor [55]	

[47] W. Baumgartner [Anm. 8] 204 und H. L. Ginsberg, Studies in Daniel. (Texts and Studies of the Jewish Theological Seminary of America) New York 1948, Bd. 14, 18–23.

[48] Der unmündige Sohn Alexanders d. Gr.

[49] 187 v. Chr. wurde Antiochos III. d. Gr. beim Versuch, einen Beltempel in der Elamis zu plündern, von Eingeborenen erschlagen.

[50] Seleukos IV. wurde mit größter Wahrscheinlichkeit von seinem Günstling Heliodor 175 v. Chr. ermordet.

[51] Antiochos war ein weiterer Sohn Seleukos' IV. Philopator, der einige Monate zwischen seinem Vater und seinem Onkel Antiochos IV. regierte und auf Befehl des letzteren durch Andronikos umgebracht wurde.

W. Baumgartner ([Anm. 8] 204 f.) macht darauf aufmerksam, daß damit eine Dreierliste gewonnen wird, bei der alle drei Mitglieder ein gewaltsames Ende fanden. Wenn Antiochos IV. auch nur am Tode seines Neffen schuld war, so hält es der Exeget doch für möglich, daß die Stimme des Volkes ihn auch für den Tod der beiden ersteren Seleukiden verantwortlich sprach. Vgl. zu Antiochos III. d. Gr.: U. Wilcken [Anm. 38] 2459–2470, zu Seleukos IV. Philopator: Staehlin [Anm. 38] 1242–1245 und zu Antiochos: U. Wilcken [Anm. 38] 2471.

[52] Vgl. [Anm. 5] 50 f. Die selbe Siebnerreihe ebenso bei D. Buzy [Anm. 22] 417 und J. Steinmann [Anm. 5] 116 f.

[53] Demetrios war der Neffe Antiochos' IV., der für dessen Auslösung als Geisel nach Rom gesandt wurde. D. K. Marti ([Anm. 5] 51) meint, obwohl Seleukos IV. von seinem Beamten Heliodor ermordet wurde, sei von den Juden die Schuld gerne seinem verhaßten Bruder Antiochos IV. angelastet worden. So ebenfalls D. Buzy [Anm. 22] 417 f.

[54] So H. H. Rowley (Darius the Mede and the Four Empires in the Book of Daniel. A Historical Study of Contemporary Theories, Cardiff 1935, 98–120), der auf diesen Seiten sein Schema gründlich darlegt. Vgl. ebenfalls N. W. Porteous [Anm. 5] 87 und A. Bentzen [Anm. 4] 65–67.

[55] Ptolemaios VI. Philometor war ein Sohn Ptolemaios' V. Epiphanes von Ägypten und der Kleopatra, einer Schwester Antiochos' IV., der von seinem Onkel gefangen genommen wurde. N. W. Porteous (Anm. 5] 87) sieht in dieser Dreierreihe die befriedigendste Lösung, da Ptolemaios VI. Philometor durch seine Mutter Kleopatra zu den Seleukiden gezählt werden konnte. Allerdings war Ptolemaios Philometor der Sechste seines Namens und nicht der Siebte, wie N. W. Porteous angibt. Diese Dreierreihe findet auch Zustimmung bei K. Koch [Anm. 14] 17 Anm. 1. G. Behrmann ([Anm. 10] 46) betont demgegenüber die Unmöglichkeit, daß das zehnte Horn Ptolemaios VI. darstellt, da nicht bewiesen werden kann, daß dieser jemals Ansprüche auf Syrien geltend gemacht hat. Zu den Ptolemäern vgl. U. Wilcken [Anm. 38] 2471–2474. Zu den Stammbäumen der Lagiden und Seleukiden vgl. A. Bouché-Leclercq, Histoire des Séleucides (323–64 avant J.-C.), Bd. 2, Paris 1914 (impression anastatique, Bruxelles 1963), 640–643.

[56] Vgl. [Anm. 21] 116 f. In der Dreierliste Seleukos IV. Philopator - Demetrios - Antiochos sieht O. Ploeger den Vorteil, daß die verdrängten Mitglieder der seleukidischen Königsfamilie und der Usurpator in verwandtschaftlicher Beziehung miteinander stehen und jeder von ihnen Thronrechte besaß. Vgl. auch J. Steinmann ([Anm. 5] 117), der allerdings die gleiche Siebnerreihe wie D. K. Marti ([Anm. 5] 50 f.) vertritt.

[57] Antiochos Hierax, der jüngere Bruder Seleukos' II. Kallinikos, beherrschte einige Jahre lang mit Hilfe der Galater als rebellischer Gegenkönig Kleinasien, nachdem ihm von seinem Bruder die versprochene Mitregentschaft verweigert worden war. Vgl. dazu U. Wilcken [Anm. 38] 2457–2459.

Das Horn als Symbol der hellenistischen Herrscher

Die Hörner bilden das charakteristische Kennzeichen des vierten Tieres, der Chiffre des makedonisch-griechischen Reiches. Mit den Hörnern sind konkrete Herrscherpersönlichkeiten dieser Weltmacht gemeint. Es soll hier kurz versucht werden, zu erklären, warum die hellenistischen Monarchen vom Verfasser von Dan 7 durch Hörner veranschaulicht werden. Die Bedeutung des Hornes für den Alten Orient [58],

[58] Die altsyrische Ikonographie zeigt die eher kämpferischen Gottheiten mit dem Hörnerhelm. Vgl. O. KEEL, Wirkmächtige Siegeszeichen im Alten Testament. Ikonographische Studien zu Jos 8,18–26; Ex 17,8–13; 2 Kön 13,14–19 und 1 Kön 22,11. (Orbis Biblicus et Orientalis) Bd. 5, Fribourg, Göttingen 1974, 127. DERS. zeigt den syrischen Gewittergott Baal in: Die Welt der altorientalischen Bildsymbolik und das Alte Testament. Am Beispiel der Psalmen, Einsiedeln, Zürich, Köln, Neukirchen 1972, Abb. 291. Die Abbildungen zweier männlicher Götterstatuetten mit Hörnerhelmen aus dem 13. und 12. Jahrhundert v. Chr. aus Zypern finden sich bei W. ORTHMANN, Der Alte Orient (unter Mitarbeit von P. AMIET, R. M. BOEHMER, J. BÖRKER-KLÄHN u. a.). In: Propyläen Kunstgeschichte in 18 Bänden (hrsg. von K. BITTEL, J. FONTEIN, H. KELLER u. a.), Bd. 14, Berlin 1975, Abb. 468a und b. Die Hörner am Götterhelm versinnbildlichen die vitale Lebenskraft und Fruchtbarkeit des Trägers, die der Beter für sich erbittet. Vgl. O. KEEL, AOBPs 192 f. und Abb. 290. Auch der Herr des Pantheons, El, trägt den Beinamen *ṯr* (Stier) und erscheint mit der Hörnerkappe. Vgl. O. KEEL, Wirkmächtige Siegeszeichen 127 f. und die zwei Abbildungen bei dems., AOBPs 283 f. und dazu die Texte aus Ugarit bei A. HERDNER [Anm. 6] 22–31: 4 (II AB).

In Ägypten wird der Pharao bereits seit der archaischen Periode als Stier dargestellt. Vgl. J. PRITCHARD [Anm. 10] Abb. 291 f. 297 und dazu E. HORNUNG, Der Eine und die Vielen. Ägyptische Gottesvorstellungen, Darmstadt (2) 1973, 94–96. Auch im NR lassen sich noch literarische und bildliche Darstellungen für die Metapher vom Pharao als Stier finden. Vgl. O. KEEL, Wirkmächtige Siegeszeichen 129–131. 130 Anm. 1 und Abb. 62 f.).

In Mesopotamien bildete die einfache Hörnerkrone bis in die assyrische Zeit hinein ein Attribut für kleinere Gottheiten und Schutzgeister, während die höheren Götter Helme trugen, die in der Regel mit vier, die Spitzen gegeneinander gestellten Hörnerpaaren geschmückt waren. Vgl. M. NOTH [Anm. 10] 270; S. MORENZ [Anm.1] 153 und O. KEEL, Wirkmächtige Siegeszeichen 127. Als Beispiele für die mesopotamischen Götterkronen vgl. J. PRITCHARD [Anm. 10] Abb. 513–515, 525 f. 646 f. und für den einfachen Hörnerhelm der Dienstgottheiten vgl. DERS., ebd. Abb. 516. 620 f. Die Herrscher des Vorderen Orients tragen an ihren Helmen und Kronen nur ausnahmsweise ein Horn, das Attribut der Götter. Ein Beispiel für den akkadischen König Narām-sîn bringt W. ORTHMANN, ebd. 196 f. und Abb. 104 (vgl. auch J. PRITCHARD [Anm. 10] Abb. 309); für den altbabylonischen König Puzur-eštar ebenfalls bei W. ORTHMANN, ebd. 292 und Abb. 159. 160a (vgl. auch J. PRITCHARD [Anm. 10] Abb. 433), und für einen syrischen König aus Megiddo bei O. KEEL, Wirkmächtige Siegeszeichen 127 f. Anm. 6 und Abb. 59. Der Vergleich des Herrschers mit einem Wildstier findet sich in Mesopotamien bildnerisch wie auch literarisch eher selten belegt (vgl. O. KEEL, Wirkmächtige Siegeszeichen 131).

die auch in der alttestamentlichen Tradition nicht unbekannt geblieben ist [59], läßt es sinnvoll erscheinen, daß der Verfasser von Dan 7 die griechischen Monarchen durch die Hörner am vierten Tier chiffriert. Damit ist die gängige Frage der Exegeten nach den sinnbildlichen Aussagen der Hörner in Dan 7,8 für die meisten von ihnen einigermaßen befriedigend beantwortet. Doch soll hier darüber hinaus noch die Frage gestellt werden, ob nur dieser allgemeine Bedeutungshintergrund des Hornes den Verfasser diese Chiffre wählen ließ, oder ob er nicht durch einen konkreten historischen Bezug zu dieser Wahl gedrängt wurde.

Nur wenige Exegeten bemühen sich, einen solchen konkreten Bezug zu den Hörnern in Dan 7,8 zu finden. M. Noth sieht im Horn das Sinnbild für den Seleukidenstaat [60], wobei er S. Morenz [61] anführt, der, soweit ich sehe, als einziger Exeget auf zwei seleukidische Münzen verweist, die je ein Monarchenporträt im Hörnerschmuck vorstellen. Die erste Münze (*Abb. 1*) zeigt auf ihrer vorderen Seite einen Herrscherkopf, der einen Helm mit Ohren- und Nackenschutz und einem Visier trägt. Zusätzlich weist der Helm noch ein Rinderohr und ein Horn auf. Wie die

[59] Im Alten Testament bildet das Horn ein Symbol der Macht und der Stärke; in ihm stellt sich die Kraft eines Lebewesens dar (vgl. S. Morenz [Anm. 1] 152 und L. G. Rignell, Die Nachtgesichte des Sacharja, Lund 1950, 61). Gott richtet das Horn, das heißt die persönliche Macht des Beters (1 Sam 2,1) oder seines Gesalbten (1 Sam 2,10) auf. Das Bild, hergeleitet von den hörnerbewehrten Tieren (Ex 21,28 f. 31 f. 36; Ez 34,21; Dan 8,4; vgl. auch O. Keel, Wirkmächtige Siegeszeichen [Anm. 58] 125 f.), kann auch Gottes Kräfte, die für Israel am Werk sind, bezeichnen (Num 23,22; 24,8 und vgl. den Gottesnamen *'bjr j'qb* Gen 49,24; Jes 49,26; Ps 132,2.5). Die gehörnte Gesichtsmaske, die Mose bei seiner Begegnung mit Gott auf dem Sinai trug und die er verhüllen mußte, um das Volk nicht zu erschrecken (Ex 34,29f. 35), stellt eine weitere Verbindung zwischen Jahwe und dem hörnertragenden Stier her. Vgl. K. Jaroš, Des Mose «strahlende Haut». In: ZAW 88 (1976) 279; ders., Die Stellung des Elohisten zur kanaanäischen Religion. (Orbis Biblicus et Orientalis) Bd. 4, Fribourg, Göttingen 1974, 132–136; O. Keel, Wirkmächtige Siegeszeichen [Anm. 58] 133 f. und Abb. 64. Der Altar, der die Gottheit repräsentiert, fand seine höchste Wirkungsmacht in den vier Hörnern an seinen Ecken (1 Kön 1,50; 2,28; Am 3,14; Ps 118,27; vgl. dazu S. Morenz [Anm. 1] 152; O. Keel, AOBPs [Anm. 58] 128 und Abb. 194 f.; K. Galling, Der Altar in den Kulturen des Alten Orient. Eine archäologische Studie, Berlin 1925, 58 f. 65–67. So werden der König, wenn er gegen seine Feinde auszieht (1 Kön 22,11 und vgl. dazu O. Keel, Wirkmächtige Siegeszeichen [Anm. 58] 125–134), die Kräfte des ganzen Volkes (Ps 44,6) oder eines Stammvaters (Dtn 33,17) mit dem Stierhorn symbolisiert. Im Stier mit seinem Hörnerinstrument kann dem Beter auch die Unbill, die er von seiten seiner Gegner erleidet, aufscheinen (Ps 22,13. 22 und vgl. dazu O. Keel, AOBPs [Anm. 58] Abb. 105).

[60] Vgl. [Anm. 10] 270.

[61] «Das Tier mit den Hörnern». In: ZAW 63 (1951) 151–154.

Abb. 1

Abb. 2

Abb. 3

Abb. 4

plastischen Punkte auf dem Helm und die unter dem Hals verknoteten Raubtierpranken zeigen, ist der Helm mit einem Leopardenfell überzogen gedacht. Die Rückseite der Münze nennt den Vertrauten und Feldherrn Alexanders d. Gr., Seleukos I. Nikator, als Prägherrn [62]. Seleukos I. nahm 305 v. Chr. den Königstitel an und begründete die seleukidische Dynastie, da nach der Schlacht bei Ipsos (301 v. Chr.) die Idee eines ungeteilten Alexanderreiches endgültig begraben wurde [63]. Nach G. K. Jenkins handelt es sich «logischerweise» um das einzige Porträt Seleukos' I., das zu seinen Lebzeiten auf Münzen erscheint [64]. K. Lange äußerte aber bereits früher mit einleuchtenderen Argumenten, daß es sich bei diesem Porträt um einen idealisierten Alexanderkopf handelt [65]. Die

[62] Die Rückseite des Tetradrachmon zeigt die Siegesgöttin Nike, die einer Waffentrophäe einen Siegeskranz auflegt. Vgl. G. K. Jenkins, Monnaies grecques (übers. aus dem Englischen von C. Biucchi). (L'Univers des Monnaies) Fribourg 1972, 248 Nr. 551 und 552.

[63] H. Bengtson, Griechische Geschichte. Von den Anfängen bis in die römische Kaiserzeit. In: Handbuch der Altertumswissenschaft (hrsg. von I. v. Müller und W. Otto), III/4, München 1950, 354. 357.

[64] [Anm. 62] 241.

[65] Vgl. K. Lange, Herrscherköpfe des Altertums. Im Münzbild ihrer Zeit, Berlin, Zürich 1938, 47. Der Autor weist auf den jugendlichen Herakleskopf mit dem Löwenfell und den unter dem Hals zusammengebundenen Raubtierpranken hin, der auf den Münzen Alexanders d. Gr. erscheint (*Abb. 2*). Herakles galt als der legendäre Vorfahre des makedonischen Königshauses (vgl. G. K. Jenkins [Anm. 62] 232). Unter den Numismatikern herrscht keine völlige Klarheit, ob die Züge auf der Heraklesmünze bereits Alexander d. Gr. zu seinen Lebzeiten porträtieren wollen. Bekannt ist, daß Alexander die Taten des Herakles für sich in Anspruch nahm und daß in der Antike die Heraklesmünze für ein Porträt des Makedonen gehalten wurde (vgl. G. K. Jenkins [Anm. 62] 232). Dabei ist auch auf den Sarkophag des sidonischen Noblen hinzuweisen, der noch zu Lebzeiten Alexanders geschaffen wurde und den jungen Herrscher in der Löwenhaut des Herakles im Perserkampf zeigt (vgl. N. Jidejian, Sidon, Through the Ages, Beirut 1971, 64 und Falttafel nach dem vorderen Buchdeckel). Sicher ist K. Lange recht zu geben, wenn er meint, daß der Graveur wohl versuchte, im Herakleskopf Bildniszüge Alexanders wiederzugeben; eine Beobachtung, die bereits auch schon bei gewissen Münzprägungen Philipps II. von Makedonien gemacht werden kann (vgl. ebd. 15f.). Die ersten eindeutigeren Alexanderporträts auf Münzbildern ließ in Alexandrien wenige Jahre nach dem Tode des Makedonen der ehemalige Leibwächter Ptolemaios prägen (*Abb. 3*). Dabei wurde das Löwenfell als Kopfschmuck durch die Elefantenhaut des Indiensiegers ersetzt. Die Münzen des Ptolemaios tragen noch auf ihrer Rückseite den Namen Alexanders, da er sie für den unmündigen Sohn der Roxane, Alexander IV., schlagen ließ, bevor er selber 306 v. Chr. den Königstitel annahm (vgl. K. Lange, ebd. 16 f.). Doch wird auch auf diesen alexandrinischen Münzen das Bild Alexanders eher als das eines Heroen mit den Attributen seiner königlichen Abstammung und nicht wirklich als ein konkretes Porträt behandelt (vgl. F. Imhoof-Blumer, Porträtköpfe auf antiken Münzen hellenischer und helle-

Münze (*Abb. 1*) wird, wie die Behandlung der Frage in der letzten Anmerkung zu zeigen versuchte, das idealisierte Bildnis Alexanders d. Gr. vorstellen wollen, allerdings mit gewissen porträthaften Zügen vermischt, wie dies in den eigenen Prägungen Alexanders d. Gr. (*Abb. 2*) begonnen, in denjenigen Ptolemaios' I. Soter (*Abb.* 3) wieder aufgenommen, aber erst in den Münzen des Lysimachos (*Abb. 4*) zur Vollendung gebracht wurde. In die Kategorie der ersteren Prägungen gehört auch der behelmte Alexanderkopf des indischen Fürsten Sophytes [66].

Die Diadochen, die sich um das riesige Erbe Alexanders stritten und die Idee eines großen hellenistischen Reiches verrieten, hefteten ihre dynastischen Ansprüche gerade an Alexander und die Wirkung, die seine kurze Herrschaft im Orient hinterlassen hatte [67]. So war es für jeden einzelnen Diadochen naheliegend, die Ideologie, daß die eigene Dynastie in Alexander ihren Gründer besitze, auf seinen weitverbreiteten und mit seinem Bildnis versehenen Münzen zu dokumentieren. Eine der großen Leistungen Alexanders d. Gr. bestand in der Schaffung einer universalen Währungseinheit, die nahe beim Geldkurs von Athen lag und die seinen Tod zu überleben vermochte. Die erste Generation der Diadochen prägte ihre Münzen dabei oft noch im Namen Alexanders [68], so daß diese bei ihrem Umlauf im Feindesland zur wirksamen Propagandawaffe werden konnten. Besonders beliebt waren die qualitätsvollen Alexandermünzen des Lysimachos (*Abb. 4*) [69], die, nach dem Untergang seines Reiches in der Schlacht von Korupedion (281 v. Chr.), hellenistische Herrscher und Städte in Asien bis ins 2. Jahrhundert v. Chr. hinein erneut prägen ließen [70]. Auf diesen Münzen wird das Alexanderporträt ohne Kopfbedeckung gezeigt; an seinen Schläfen befindet sich kein Stier-, sondern

nisierter Völker, Leipzig 1885, 5). Die ersten Porträtdarstellungen Alexanders, zwar idealisiert, aber doch entschieden charakteristisch und individuell gestaltet, zeigen erst die Prägungen des einstigen Leibwächters Lysimachos, der Herr von Thrakien wurde. Diese legen oft Zeugnis von einem hervorragenden Kunstvermögen ab (*Abb. 4*). Die Prägungen Ptolemaios I. Soter (*Abb. 3*) und des Lysimachos (*Abb. 4*) werden weiter unten noch zu behandeln sein.

[66] Vgl. F. Imhoof-Blumer, Porträtköpfe [Anm. 65] 14 und Taf. VI/25.

[67] Vgl. K. Lange [Anm. 65] 17.

[68] Vgl. G. K. Jenkins [Anm. 62] 228 f.

[69] Weitere Alexandermünzen des Lysimachos sind zu finden bei F. Imhoof-Blumer, Porträtköpfe [Anm. 65] Taf. I/1 und Taf. II/3.

[70] Vgl. F. Imhoof-Blumer, Porträtköpfe [Anm. 65] 5. 14. Der Autor verweist auf späte griechische Münzen und Goldmedaillons der Kaiserzeit (bis ins 3. Jahrhundert n. Chr.), bei denen es sich noch um Nachahmungen des Alexanderporträts der Lysimachos-Münzen handelt. Vgl. dazu auch S. Morenz (Anm. 1] 154.

Abb. 5

Abb. 6

Abb. 7

Abb. 8

ein Widderhorn, das an die Proklamation Alexanders zum Sohn des widderköpfigen Gottes Ammon erinnert, die anläßlich seines Besuches in der lybischen Oase Siwa (331 v. Chr.) erfolgte [71]. Das Diadem, das den Kopf umzieht, erweist Alexander als den Weltbeherrscher [72].

Die zweite Münze, die S. MORENZ erwähnt und in der er einen historischen Bezug zu Dan 7,8 sieht, ist eine Prägung Antiochos' I. Soter, die auf der vorderen Seite das Porträt seines Vaters, Seleukos I. Nikator, zeigt (*Abb. 5*). Es wird nicht gänzlich klar, ob das charakteristische Bildnis des Monarchen noch zu seinen Lebzeiten, während sein Sohn bloß Mitregent war, also vor 281 v. Chr. geprägt wurde [73], oder erst kurz nach seinem Tode. Neben den Münzen des makedonischen Herrschers Demetrios Poliorketes, die dessen eigenes Porträt im Hörnerschmuck zeigen (*Abb. 6*) und damit beweisen, daß die Hörner Attribute auch der lebenden Diadochen sind, gilt es noch einen in diesem Zusammenhang unbeachtet gebliebenen Münztypus zu nennen, der auf seiner Rückseite Seleukos I. Nikator als Prägherrn nennt und auf der vorderen Seite dessen Bildes im Hörnerschmuck wiedergibt (*Abb. 8*). Wenn Seleukos I. bereits zu Lebzeiten sein Porträt im Hörnerschmuck auf Münzen prägen ließ, wächst neben den Argumenten von F. IMHOOF-BLUMER (siehe Anm. 73) die Wahrscheinlichkeit, daß die Münze des Antiochos I. Soter (*Abb.* 5) noch vor dem Tode des Seleukos I. Nikator geprägt wurde.

[71] Vgl. H. BENGTSON [Anm. 63] 321 f. In diesem Zusammenhang ist aus einem Gebet Alexanders d. Gr. anzuführen: «Ich weiß, daß du meine Hörner auf meinem Haupt hast wachsen lassen, daß ich die Reiche der Erde zerstoße.» Der Text ist entnommen K. JAROŠ, Des Mose strahlende Haut [Anm. 59] 279 Anm. 51.

[72] Vgl. F. IMHOOF-BLUMER, Porträtköpfe [Anm. 65] 7.

[73] So F. IMHOOF-BLUMER, Die Münzen der Dynastie von Pergamon. In: Abhandlungen der Königl. Preuß. Akademie der Wissenschaften zu Berlin vom Jahre 1884. Vorgelegt in der Sitzung der philos.-histor. Classe am 8. Mai 1884 (Sitzungsberichte St. XXV. S. 569), Berlin 1884, 22 f. Der Autor verweist auf Münzen, die das Porträt des Seebeherrschers Demetrios Poliorketes zeigen. Diese (*Abb. 6*, vgl. dazu auch die Abbildungen bei G. K. JENKINS [Anm. 62] 245 Nr. 538 und F. IMHOOF-BLUMER, Porträtköpfe [Anm. 65] Taf. I/4. II/7. II/8) stellen den Diadochen und zwar zu seinen Lebzeiten ebenfalls mit dem Diadem und den Stierhörnern dar, wie es auf der Münze Antiochos' I. beim Porträt seines Vaters Seleukos I. Nikator (*Abb. 5*) der Fall ist. Horn und Diadem sind demnach die Zeichen der lebenden Diadochen und für die Darstellung des toten Monarchen können beide durch die Göttertänie ersetzt werden. So wird das Porträt des Seleukos I. Nikator auf den Münzen seines Günstlings Philetairos von Pergamon (*Abb. 7*, vgl. dazu noch die Abbildungen bei G. K. JENKINS [Anm. 62] 248 Nr. 553 und F. IMHOOF-BLUMER, Porträtköpfe [Anm. 65] Taf. I/3) gezeigt. Philetairos bewies so aus wohlberechneter Schmeichelei gegenüber Antiochos I. Soter dessen verstorbenem Vater Seleukos göttliche Verehrung.

Soweit ich sehe, sind die Münzen Seleukos' I. Nikator, die den noch wenig bildnishaften Alexanderkopf mit dem Fellhelm (*Abb. 1*) und das eigene Porträt (*Abb. 8*) zeigen, die Alexandermünzen des Lysimachos (*Abb. 4*), die Münzen Antiochos' I. Soter, auf denen sein Vater Seleukos I. porträtiert wird (*Abb. 5*) [74] und die eigenen Münzbilder des Demetrios Poliorketes von Makedonien (*Abb. 6*) die einzigen hellenistischen Monarchenbildnisse, die die Dargestellten mit Hörnern zeigen. Von den Epigonen ließ sich keiner mehr im Hörnerschmuck, sondern wie Antiochos I. Soter auf seinen Münzen bloß noch mit dem Diadem [75] darstellen. Auch der Diadoche Ptolemaios I. Soter wurde ausschließlich nur mit dem Diadem gezeigt [76].

Die Interpretation der Hörner an den Schläfen der makedonischen Monarchen ist vielfältig. So wird das Horn des Meerbeherrschers Demetrios Poliorketes (*Abb. 6*) vom gehörnten Neptun hergeleitet [77], der Fellhelm mit den Stierhörnern auf der Alexandermünze Seleukos' I. Nikator (*Abb. 1*) wird als Anspielung auf Dionysos und dessen Zug nach Indien auf dem von Leoparden gezogenen Wagen gedeutet [78]. Die Stierhörner auf der letzteren Münze wie die auf der Prägung Antiochos' I. Soter zu Ehren seines Vaters werden auch in Beziehung gesetzt zu den Hörnerkronen der mesopotamischen Götter [79]. In echt hellenistischer Weise werden alle diese Erklärungsmöglichkeiten für die Hörner an den Schläfen der griechischen Monarchen etwas für sich haben; wobei für die seleukidische Dynastie der Rückgriff auf die altbabylonisch-assyrischen Götterhelme und -kronen besonders naheliegend war, da sie in Mesopotamien die Stammlande ihres Reiches besaß und sich mit diesem Mittel ihren orientalischen Untertanen leichter als göttliches Geschlecht präsentieren konnte. Daß die hellenistischen Herrscher dies

[74] Die bei F. Imhoof-Blumer (Die Münzen der Dynastie von Pergamon [Anm. 73] Taf. I/1) gezeigte Münze könnte eher als Abb. 5 nach dem Tode des Seleukos I. von dessen Sohn Antiochos I. Soter geprägt worden sein, da der Diadoche neben den Hörnern an Stelle des Diadems die Göttertänie trägt.

[75] Vgl. die Münzdarstellung bei G. K. Jenkins [Anm. 62] 248 Nr. 554 und dazu F. Imhoof-Blumer, Porträtköpfe [Anm. 65] 5.

[76] Vgl. die Prägung bei K. Lange [Anm. 65] Taf. 49.

[77] So G. K. Jenkins [Anm. 62] 237.

[78] So ders. [Anm. 62] 241. Der Zug des Dionysos ins Innere Asiens, den bereits Euripides kannte, wurde von Alexander d. Gr. als Propagandamittel zu einem Zug nach Indien ausgeweitet (vgl. dazu L. Huber, Dionysos. In: Lexikon der Alten Welt (hrsg. von C. Andresen, H. Erbse, O. Gigon u. a.], Zürich, Stuttgart 1965, 757).

[79] So K. Lange [Anm. 65] 47 und S. Morenz [Anm. 1] 153.

anstrebten, zeigen bereits die göttlichen Beinamen, die sie sich zulegten. Wenn nicht gerade als Götter, so wurden die mächtigen Diadochen, auf denen noch etwas vom Glanz Alexanders lag, vom Volk doch als «göttliche Erretter» besungen. So wird Demetrios Poliorketes vom Volk von Athen hymnisch begrüßt mit den Worten:

> Die anderen Götter existieren nicht, oder sind weit weg;
> sie hören uns nicht, oder sie wollen uns nicht hören;
> aber Du, Du bist hier und wir können dich sehen, nicht
> etwa in Holz oder in Stein, sondern in Wirklichkeit!» [80]

Die Münzen mit den gehörnten Monarchenporträts sind noch durch den bereits erwähnten Münztypus (*Abb. 3*), der das idealisierte Porträt Alexanders d. Gr. mit der Elefantenhaut zeigt, zu ergänzen. Ptolemaios I. ließ diese Darstellung Alexanders als Indienbeherrscher in Alexandrien kurz nach dessen Tod prägen. Die Münze zeigt an den Schläfen des Kopfes das Widderhorn und um den Hals windet sich die Aegis der Götter (*Abb. 3*) [81]. Auch Seleukos I. Nikator ließ in seinem Reich auf Münzen Alexander als Indienherrscher ehren (*Abb. 9*). Vielleicht darf auch dieser Münztypus zu den Herrscherdarstellungen mit dem Hörnerattribut gerechnet werden, da die Stoßzähne der Elefantenhaut der Stirn des Dargestellten zu entwachsen scheinen; wenigstens bei einem flüchtigen Blick und wenn man bedenkt, daß der Elefant in Mesopotamien bis zum Alexanderzug beinahe unbekannt geblieben war [82].

Nun muß, um in diesen Münztypen den historischen Bezug zu Dan 7,7 f. erkennen zu können, vorausgesetzt werden, daß diese den Juden in der Mitte des 2. Jahrhunderts v. Chr. auch bekannt gewesen sind und ihnen als Zahlungsmittel dienten [83]. Dem stellen sich aber zwei

[80] Der Text wurde entnommen G. K. JENKINS [Anm. 62] 233 und aus dem Französischen übersetzt.

[81] Weitere Beispiele zeigen K. LANGE [Anm. 65] Taf. 42 und G. K. JENKINS [Anm. 62] 220 Nr. 502.

[82] Auf jeden Fall läßt sich die Behauptung, daß der Hörnerschmuck «seleukidisches Eigengut» sei und die Ptolemäer «nichts dergleichen aufzuweisen» haben, wie S. MORENZ ([Anm. 1] 153) glaubt, nicht aufrechterhalten (vgl. Abb. 3). S. MORENZ versucht wohl allzu einseitig, den seleukidischen Hörnerschmuck von den mesopotamischen Götterkronen her abzuleiten und unterläßt es so, die verschiedenen Münztypen, die den Herrscher im Hörnerschmuck zeigen, zusammenzutragen.

[83] Daß die Münzen der hellenistischen Herrscher in Palästina das alltägliche Zahlungsmittel darstellten, zeigen die Funde in Bet-Zur. So wurden 52 Prägungen der Ptolemäer und des Antiochos III. d. Gr., 126 von Antiochos IV. Epiphanes und Antiochos V. Eupator und 27 von späteren seleukidischen Monarchen dort entdeckt. Vgl. O. R. SELLERS-W. F. ALBRIGHT, The First Campaign of Excavation

Abb. 9

Abb. 10

Einwände entgegen. Zum ersten kann darauf hingewiesen werden, daß der Brauch, Herrscher im Hörnerschmuck zu prägen, zu Beginn der Regierungszeit Antiochos' I. Soter (um 280 v. Chr.) aufgegeben wurde; zum zweiten, daß Palästina erst in der Schlacht von Paneas (heute bānjās) im Jahre 198 v. Chr. den Lagiden endgültig an die Seleukiden verloren ging. Beim ersten Einwand, daß für Antiochos IV. Epiphanes, das elfte Horn in Dan 7,8, keine Porträtmünze mehr mit dem Hörnerschmuck geschaffen wurde, hat bereits S. MORENZ darauf hingewiesen, daß die alten Münzen im Umlauf und gültig blieben und auch immer wieder neu geprägt wurden [84]. Wegen der – trotz aller kriegerischen Auseinandersetzungen – weitgehend ökonomischen Einheit der hellenistischen Welt liegt es nahe anzunehmen, daß wohl auch das seleukidische Münzwesen in Palästina während der lagidischen Herrschaft nicht ganz unbekannt geblieben ist [85].

Dabei bleibt noch zu beachten, daß bei den Seleukiden das Horn nicht nur an ihren Münzporträts des vergöttlichten Alexanders und des Seleukos I. Nikator vorkommt, sondern tatsächlich eine Art «seleukidisches Hauszeichen» darstellt. So zeigen Prägungen des Seleukos I. Nikator [86] auf ihren vorderen Seiten und solche des Antiochos I. Soter (*Abb. 10*) [87] auf ihren Rückseiten einen gehörnten Pferdekopf. Auch wenn die Interpretation des Pferdekopfes nicht eindeutig ist [88], läßt

at Bet-Zur. In: BASOR 43 (1931) 10. Einige dieser Münzen sind abgebildet bei O. R. SELLERS, The 1957 Excavation at Bet-Zur. In: AASOR 38 (1968) Taf. 39 Nr. 1–10.

[84] Vgl. [Anm. 1] 153 f. Der Autor verweist ebenfalls auf die Alexandermünzen des Lysimachos, die immer wieder von neuem geprägt wurden. Dies galt vermutlich auch von den Münzprägungen Seleukos I. Nikator, womit die Epigonen der seleukidischen Dynastie ihren Gründer ehren wollten. Dies kann gut mit den Prägungen der ptolemäischen Dynastie belegt werden, bei denen das Porträt Ptolemaios I. Soter das dominante Bildthema der Münzvorderseite blieb (vgl. G. K. JENKINS [Anm. 62] 250 f.).

[85] Vgl. G. K. JENKINS [Anm. 62] 228. 231.

[86] Beispiele sind zu finden bei A. BOUCHÉ-LECLERQ [Anm. 55] Taf. I/3 und I/5.

[87] Weiteres Beispiel bei A. BOUCHÉ-LECLERQ [Anm. 55] Taf. I/7.

[88] Vgl. E. T. NEWELL (Royal Greek Portrait Coins, Wisconsin 1937, 26 f.), der auf der Prägung des Seleukos I. den Kopf dessen Lieblingspferdes sieht. G. K. JENKINS ([Anm. 62] 24) und F. IMHOOF-BLUMER - O. KELLER (Tier- und Pflanzenbilder auf Münzen und Gemmen des klassischen Altertums, Leipzig 1889, 12) wollen in allen Beispielen dieses Prägesujets den gehörnten Kopf des Bukephalos, des Lieblingspferdes von Alexander d. Gr., dem zu Ehren die Stadt Bukephala am Hydaspes errichtet wurde, erkennen. Vgl. E. BADIAN, Bukephalos. In: Lexikon der Alten Welt (hrsg. von C. ANDRESEN, H. ERBSE, O. GIGON u. a.), Zürich, Stuttgart 1965, 517.

Abb. 11

Abb. 12

sich doch erkennen, daß auch die Pferde in die göttliche Sphäre ihrer Reiter aufgenommen wurden.

Zum Schluß soll noch an einigen ptolemäischen Münztypen deutlich gemacht werden, daß die Chiffrierung griechischer Herrscher durch Hörner in Dan 7 ihre Ursache nicht allein in den seleukidischen Prägungen haben muß. Diese lagidischen Münzen ließen bereits, zwar in einer anderen Form als es bei den seleukidischen der Fall war, die Bewohner Palästinas mit dem Hornmotiv bekannt werden. Neben dem obigen Hinweis auf die lange Gültigkeit alter Münzen und ihrer möglichen Neuauflage können diese lagidischen Prägungen wohl den zweiten Einwand entkräftigen, daß die Judäer in der 1. Hälfte des 2. Jahrhunderts v. Chr. das Hornmotiv auf Münzen gar nicht kennen konnten, da Palästina erst 198 v. Chr. nach der Eroberung durch die Seleukiden mit deren Münzwesen vertraut gemacht wurden; in einer Zeit also, in der der Hörnerschmuck auf seleukidischen Neuprägungen nicht mehr erschien. Philadelphos ließ unmittelbar nach dem Tod seiner vergöttlichten Schwester-Gemahlin Arsinoë 270 v. Chr. deren Bild auf Münzen prägen [89]. Auf der Rückseite der Münze sind zwei durch ein Königsdiadem zusammengebundene Füllhörner zu sehen, aus denen Früchte hervorquellen (*Abb. 11*). Ein Füllhorn findet sich ebenfalls auf der Rückseite einer Prägung des Ptolemaios V. Epiphanes (204–181 v. Chr.), deren vordere Seite das Porträt des Monarchen, geschmückt mit dem Strahlenkranz des Helios, zeigt [90]. Diese Münzen, die auch im lagidischen Palästina das alltägliche Zahlungsmittel darstellten [91], konnten wohl ebenfalls leicht zum Anlaß werden, die unbeliebten Fremdherrscher mit dem Horn zu chiffrieren; mußte die Münze mit dem Bildnis des apotheosierten Herrschers, das beim jüdischen Betrachter bei dessen Abneigung gegen das menschliche Bildnis tiefste Abscheu ausgelöst haben wird, nur gewendet werden, und das Horn «drängte» sich als ein Symbol für den abgebildeten Lagiden

[89] Vgl. G. K. JENKINS [Anm. 62] 251. Die außerordentlich schöne Prägung zeigt Arsinoë mit dem Diadem, der unter dem Schleier verborgenen Spitze des Lotuszepters und dem kleinen Ammonshorn nahe am Ohr. Eine Abbildung findet sich bei dems. [Anm. 62] 254 Nr. 564.

[90] Vgl. DERS., (Anm. 63] 257. Das Füllhorn dieser Münze wird ebenfalls von einem Königsdiadem umwunden und zusätzlich noch von zwei Sternen flankiert. Die Vorder- und die Rückseite der Münze ist abgebildet bei dems., ebd. 256 Nr. 570 und 571.

[91] P. THOMSEN, Beth-Zur. In: AfO 8 (1932–1933) 87, erwähnt in seiner Besprechung der Ausgrabungen in Bet-Zur, daß die Prägungen der Lagiden in Judäa auch unter der Herrschaft der Seleukiden noch im Umlauf blieben.

auf. Dabei muß noch berücksichtigt werden, daß in Palästina der Sinn des hellenischen Füllhornmotivs wohl unbekannt war, so daß für den jüdischen Betrachter der Münze der Aspekt des Hornes dominant blieb. Aus der Zeit des Ptolemaios II. Philadelphos (285–246 v. Chr.) ist noch eine Prägung zu erwähnen, die auf ihrer vorderen Seite das Haupt Zeus-Ammons mit dem kleinen Widderhorn über dem Ohr und auf der Rückseite das lagidische Wappen, ein Adler auf einem Blitzbündel stehend, zeigt. Vor dem Zeusadler ist wiederum ein kleines Füllhorn angebracht [92].

Damit ist meiner Ansicht nach genügend wahrscheinlich gemacht, daß die Münzen der hellenistischen, vor allem der seleukidischen Herrscher den möglichen historischen Grund zu deren Chiffrierung unter dem Symbol des Hornes abgaben. Auch wirkt eine solche ikonographische Erklärung von Dan 7,7 f. nicht gekünstelt, wenn bedacht wird, daß die oben besprochenen Münzen mit ihrem Hörnermotiv als ein alltägliches Zahlungsmittel durch die Hände der jüdischen Untertanen hellenistischer Monarchen gingen [93].

[92] Die Prägung findet sich abgebildet bei G. K. Jenkins [Anm. 62] 267 Nr. 595 und 268 Nr. 600.

[93] S. Morenz ([Anm. 1] 154) schreibt dazu: «In der Zeit unseres Textes, an der Schwelle des makkabäischen Aufstandes, waren Seleukidenmünzen jedenfalls das gewöhnliche, wahrscheinlich das einzige Zahlungsmittel.» Nach 1 Makk 15,6 verleiht Antiochos VII. Sidetes, Simon dem Makkabäer (142–135 v. Chr.) das Recht, eigene Münzen zu prägen. Bei den Ausgrabungen von Bet-Zur, einer Stadt die Simon während seiner ganzen Regierungszeit besaß und durch eine Garnison absichern ließ, fanden sich 23 Münzen von den Simon zeitgenössischen seleukidischen Herrschern. 16 Münzen des Hyrkanus aber keine des Simon. Die Motive auf den oft dem Simon zugeschriebenen Münzen, Kelch und Palme, fehlen sonst auf den makkabäischen und herodianischen Prägungen. Der Palmbaum wird unter den Prokuratoren und Kaiser Domitian als Münzmotiv verwendet. Der Kelch ziert erst die Prägungen des ersten jüdischen Aufstandes, so daß die bisweilen auf Grund von 1 Makk 15,6 Simon zugeschriebenen Münzen in die Zeit von 66–70 n. Chr. datiert werden müssen. Vgl. dazu H. Willrich, Zum Münzwesen der Makkabäer. In: ZAW 51 (1933) 78 f., und P. Thomsen [Anm. 91] 87. Wie W. Schubart (Bemerkungen zum Stile hellenistischer Königsbriefe. In: Archiv für Papyrusforschung und verwandte Gebiete 6, 1920, 343) zeigte, ist der Brief des Antiochos VII. Sidetes an Simon (1 Makk 15,2–9), in dem jenem das Münzrecht verliehen wird, unecht. H. Willrich (ebd. 79) macht darauf aufmerksam, daß der Verfasser von 1 Makk ebenso den Bund zwischen den Juden und den Römern, der erst unter Johannes Hyrkanus geschlossen wurde, in die Zeit Simons datiert. Der Autor will vermutlich so die Unabhängigkeit des jüdischen Staatswesens allein den drei Makkabäern, seinen Helden, zuschreiben.

Der Wert des Elefanten für die hellenistischen Staaten

Da die Ikonographie der zeitgenössischen Münzprägungen der hellenistischen Fürsten als historische Grundlage für die Hörner, das charakteristische Attribut des vierten Tieres in Dan 7,7 f., plausibel gemacht werden kann, läßt sich auch die Frage, die bisher in der Auslegung immer vorschnell abgetan wurde [94], stellen: denkt der Autor von Dan 7,7 f. bei seiner Schilderung nicht auch an ein konkretes Tier, das er als eine typische Chiffre für die hellenistische Staatenwelt verwenden will? Die Frage scheint umso mehr berechtigt, da festgestellt werden kann, das für die Chiffrierung der ersten drei Reiche der Verfasser konkrete Tiere benutzte, die entweder von ihren Eigenschaften her (Löwe-Babylon; Leopard-Persien) oder als eine typische Tierart der entsprechenden Gegend (Bär-Medien) die jeweiligen Reiche sinnvoll vertreten [95].

[94] Vgl. dazu nochmals die Ansicht z. B. bei N. W. Porteous [Anm. 5] 86; A. Lacocque [Anm. 14] 107; K. Koch [Anm. 14] 16 f. u. a. Daran ändert auch die Gleichsetzung des vierten Tieres mit dem Chaosdrachen (vgl. D. K. Marti [Anm. 5] 50) oder mit dem Leviatan (vgl. A. Bentzen [Anm. 4] 61) nichts.

[95] Da im Traumgesicht von Dan 2 das babylonische Reich durch das goldene Haupt des Standbildes vertreten wird, ist es von der Sache her naheliegend, in der dem gleichen Aufbau folgenden Tiervision von Dan 7 diese Monarchie durch den Löwen zu charakterisieren. Denn nach Spr. 30,30 bleibt der Löwe trotz aller Zweideutigkeit, die mit seinem Erscheinen verbunden bleibt, ein Held, der vor niemandem ausweicht. Vielleicht drückt sich in der Wahl des Löwen als Chiffre für das babylonische Reich noch der Gedanke aus, daß das erste das beste und stärkste ist (vgl. K. Koch [Anm. 14] 15 Anm. 1). Das neubabylonische Reich bedeutete für Juda seinen Eintritt in das Getriebe der Weltmächte, durch das es zerrieben zu werden drohte. Dabei blieb aber Babylon für die Juden auch das Vorbild für die nachfolgenden Reiche, was wohl besonders stark für die östliche Diaspora galt, die das Mutterland mit ihren Überlieferungen immer wieder stark beeinflußte.

Wenn der Löwe bereits als eine Art «Wappentier» für das neubabylonische Reich gelten kann, so gibt es auch einen sinnvollen Zusammenhang zwischen der medischen Monarchie, die auch im Alten Testament nicht ganz vergessen gegangen war (Jes 21,2; Jer 15,15 f. 25; Jer 51,11.28), und dem Bären als ihrem «heraldischen Tier» in Dan 7,5. Der Bär war ein Bergbewohner und vor allem im Zagrosgebirge beheimatet, von wo die Meder, aus dem iranischen Hochland kommend, in die assyrischen Kerngebiete einfielen.

Zwar erfüllt gerade das dritte Tier, der Leopard, im Gegensatz zum Löwen oder zum Bären am wenigsten einen heraldischen Charakter (gegen N. W. Porteous [Anm. 5] 86) in bezug auf das ihm zugeordnete Reich. Doch gibt es vermutlich auch hier eine «sinnvolle Brücke» zwischen dem Symbol und dem von ihm Dargestellten. Ich würde dies in der bekannten Schnelligkeit des Leoparden (Hab 1,8) sehen, so daß dieses Tier ein gutes Emblem für die persische Herrschaft abgibt, die sich in einem Zeitraum von nicht ganz zehn Jahren aus einem unbedeutenden

Es ist wohl kaum einzusehen, warum der Schreiber sein «Chiffrier-System» plötzlich ändern soll, um für das griechische Reich eine schemenhafte Größe, die man «keiner bestimmten Tierart zugesellen kann» [96], einzusetzen. Diese Frage ist auch trotz der Feststellung aufrechtzuerhalten, daß am vierten Tier die «Menschenunwürdigkeit» der irdischen Reiche nun gänzlich offenbart wird und die Rettung nur noch mit den Wolken des Himmels, in einem Reich des Menschen kommen kann (Dan 7,13) [97].

Da der Verfasser von Dan 7 dem Tier keinen Namen gibt, sind wir zur Lösung unserer Frage auf andere Quellen angewiesen. Bei der Beschäftigung mit der Ikonographie der hellenistischen Münzen stößt man auf den seltsamen Befund, daß der Elefant, bisher beinahe unbekannt im Alten Orient, gehäuft als Prägemotiv auftaucht. Dazu sind die bereits erwähnten Prägungen Ptolemaios' I. Soter zu erwähnen, bei denen das Haupt Alexanders mit der Kopfhaut eines indischen Elefanten überzogen erscheint (*Abb. 3*), was ihn als Indienherrscher ausweist. Ein weiterer Münztypus des Ptolemaios I. zeigt auf seiner Rückseite eine Elefantenquadriga, die von Alexander d. Gr. gelenkt wird [98]. Seleukos I. Nikator, der einzige der Diadochen, der nach Osten drängte und seine Expansion bis nach Indien voranzutreiben vermochte, läßt ebenfalls den Kopf Alexanders mit der Haut eines indischen Elefanten bekleidet auf seine Münzen prägen (*Abb. 9*). Häufig läßt er auf der Rückseite der Münzen einen nach rechts schreitenden indischen Elefanten darstellen [99].

medischen Lehensfürstentum zur ersten Macht im Orient entwickelte, als 539 v. Chr. Cyrus in Babylon einzog.

Weiter zeigen auch Ez 29,3 und 32,2, daß bestimmte Länder und Völker im Alten Testament durch Tiere symbolisiert werden können; wobei sich zwischen dem zu Chiffrierenden und der Chiffre ein sinnhafter Zusammenhang finden läßt, der in bestimmten Eigenschaften oder im Herkommen, welche den beiden Größen gemeinsam sind, bestehen kann. In beiden Ezechielversen wird der Pharao und damit auch sein Land verglichen mit dem für Ägypten charakteristischen Krokodil. (Vgl. Westermann, Genesis, BK I/3, Neukirchen 1968, 191.) Bereits M. Noth meinte: «Man könnte auf den Gedanken kommen, daß etwa bestimmte Tiere als Symbole für verschiedene Länder des Alten Orient gegolten haben», kommt aber trotzdem zum Schluß: «Aber beweisen läßt sich diese Vermutung nicht.» ([Anm. 10] 269).

96 N. W. Porteous [Anm. 5] 86.

97 Vgl. dazu das Geschichtsbild, das M. Noth ([Anm. 10] 264 f.) und K. Koch ([Anm. 14] 17.24) entwickelt haben. Das vierte Tier ist nicht bösartiger als seine Vorgänger. Es tritt unter denselben Gesetzmäßigkeiten an, nur wird an ihm die Unzulänglichkeit aller irdischen Mächte vollends offenbart.

98 Vgl. die Abbildung bei G. K. Jenkins [Anm. 62] 254 Nr. 563.

99 Vgl. die Abbildung bei E. T. Newell [Anm. 88] 26.

Dabei erinnert man sich, daß im persischen Heer indische Truppen mit 15 Elefanten kämpften, die in der Schlacht bei Gaugamela 331 v. Chr. in die Hände Alexanders gerieten. Auf seinem Indienfeldzug erhielt der Makedone vom indischen Fürsten Taxilas zum Zeichen der Unterwerfung 30 Elefanten und in der Schlacht am Hydaspes gewann er die 300 Elefanten des indischen Königs Poros. Die Tiere wurden von Krateros nach Babylon geführt [100], in die spätere Residenz Seleukos' I. Dieser zog ebenfalls nach Indien, stieß aber dort auf den Widerstand des indischen Fürsten Sandrokottos und mußte sich mit einem Geschenk von 500 Kriegselefanten zurückziehen. Bei der großen Diadochenschlacht bei Ipsos (301 v. Chr.) entschied Seleukos das Treffen zu seinen Gunsten dank der von ihm eingesetzten 480 Kriegselefanten [101].

Gehäuft tritt aber der indische Elefant auf der Rückseite der Prägungen Antichos' III. d. Gr. auf (*Abb. 12*) [102]. Dieser Herrscher, unter dem das seleukidische Reich seine weiteste Ausdehnung erfuhr, unternahm 212 v. Chr. eine Anabasis durch ganz Asien bis nach Indien. Der indische König Sophagasenos, der die seleukidische Oberherrschaft anerkennen mußte, lieferte dem Antiochos seine 150 Kriegselefanten aus [103]. In unserem Zusammenhang bleibt zu beachten, daß unter diesem Herrscher Palästina 198 v. Chr. endgültig zum seleukidischen Staat geschlagen wurde.

Bei diesem Bildmaterial wird klar, welche Bedeutung und Wertschätzung die hellenistischen Herrscher dem Elefanten entgegenbrachten, den sie als «die» neue Waffe in ihren zahlreichen Schlachten einsetzten. Die Griechen lernten diese lebendige Waffe und ihre Wirkung auf dem Indienfeldzug unter Alexander kennen, der selber aber nicht mehr dazu kam, wie beabsichtigt, den Elefanten auch in der eigenen Kriegsführung zu verwenden. Die Diadochen und deren Nachfolger, die einen großen Fortschritt auf kriegstechnischem Gebiet anstrebten, nahmen die Kriegselefanten in die Ausrüstung ihrer Heere auf. Wobei die Anzahl dieser Tiere in einem Heer ein riesiges Ausmaß annehmen konnte; so daß den seleukidischen Truppen eigentliche Elefantenherden folgten [104]. Die Tiere wurden vor der Schlachtlinie, teils vor dem Zentrum,

[100] Vgl. M. Wellmann, Elefant. In: Pauly-W V, Stuttgart 1905, 2253.

[101] Vgl. H. Bengtson [Anm. 63] 353. 356.

[102] Weitere Beispiele dafür bei A. Bouché-Leclerq [Anm. 55] Taf. II/19 und Taf. II/21, weiter bei E. T. Newell [Anm. 88] 65 Fig. 8.

[103] Vgl. H. Bengtson [Anm. 63] 392.

[104] Vgl. J. Kromayer-G. Veith, Heerwesen und Kriegführung der Griechen

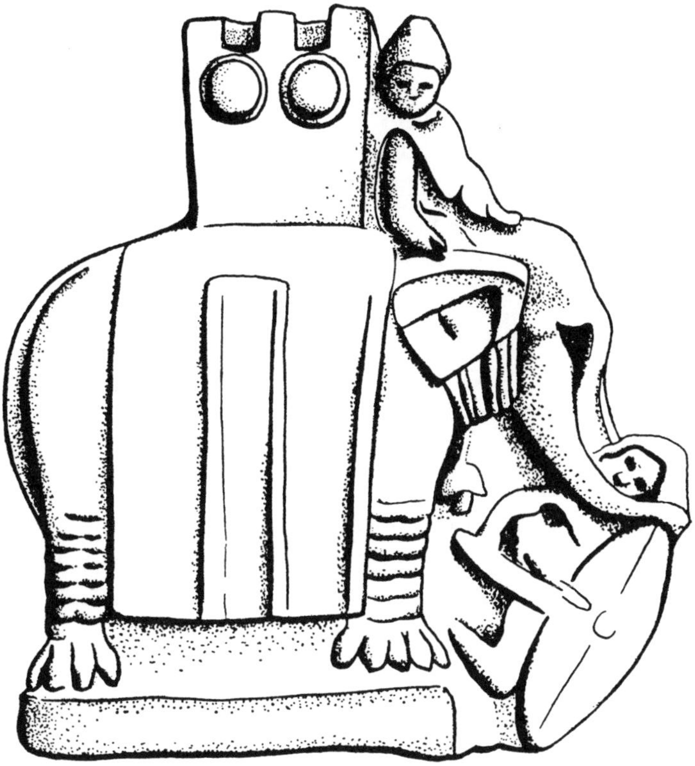

Abb. 13

teils vor den Flügeln in regelmäßigen Abständen, die durch Leichtbewaffnete ausgefüllt waren, aufgestellt. Mit dem Vorrücken der Elefanten wurde eine Schlacht eröffnet [105]. Bei ihrem Einsatz in einem Treffen wurden Hals und Beine der Tiere mit Metall-Lamellen gepanzert. Um den Hals hing ihnen eine große Glocke. Auf dem mit einem roten Teppich bedeckten Rücken trugen die Kriegstiere einen mit Metallschildern bewehrten, etwa einen Meter hohen hölzernen Turm, der in der Regel vier mit Bogen und Sarissen bewaffneten Soldaten Platz bot. Gelenkt wurden die Elefanten durch einen ihnen auf dem Nacken sitzenden indischen Kornaken [106]. Eine gute Anschauung eines solchen Kriegselefanten vermag das Tonfigürchen aus einem Grab der Nord-Ost Nekropole von Myrina zu geben (*Abb. 13*), welches das Tier in der erwähnten Ausrüstung beim Zertrampeln eines gegnerischen Kriegers zeigt [107].

Die Stärke dieser neuen Waffe der hellenistischen Heere lag aber sicher nicht in der Kraft oder einer besonderen Geschicklichkeit der Elefanten, sondern allein im Schrecken, den ihr ungewohnter Anblick beim Feind hervorrief [108]. Die Glocke um den Hals der Tiere hatte den Schrecken bei ihrer Erscheinung noch durch den Lärm zu vergrößern; dazu diente wohl auch in erster Linie der Turm mit der Besatzung auf dem Rücken der Tiere. Nicht umsonst vergleicht Silius Italicus (Punica IX/239) die Elefantenreihe in der Schlachtordnung mit einer Stadtmauer und deren Zinnen, die in Bewegung geraten ist [109].

und Römer. In: Handbuch der Altertumswissenschaft (hrsg. von W. Otto), IV/3.2, München 1928, 106. 121. 140.

[105] Vgl. dies. [Anm. 104] 140 f.

[106] Vgl. E. Pottier-S. Reinach, Fouilles dans la nécropole de Myrina (1). Eléphant foulant aux pieds un Galate. In: Bulletin de correspondance hellénique 9 (1885) 486–488.

[107] E. Pottier-S. Reinach ([Anm. 106] 492) vermuten, daß der vom Elefanten bezwungene Feind einen Galater darstellt und die ganze Gruppe ein Echo auf die Galatergefahr bildet, die der König von Pergamon, Eumenes II., in zwei Feldzügen 184 und 168 v. Chr. zu bannen vermochte.

[108] Vgl. J. Kromayer-G. Veith [Anm. 104] 141.

[109] «Ceu mobilis agger Nutat, et erectos attollit ad aethera muros.» Der Text ist entnommen E. Pottier-S. Reinach [Anm. 106] 487 Anm. 3; vgl. dazu auch J. Kromayer-G. Veith [Anm. 104] 141.

War die Angst vor dieser neuen Waffe beim Gegner einmal überwunden, konnten die Tiere mit recht primitiven Mitteln wie mittels auf den Boden gelegten Brettern mit hervorstehenden Nägeln außer Gefecht gesetzt werden (J. Kromayer-G. Veith [Anm. 104] 141). Welche verheerende Wirkung aber das erste Einsetzen der Kriegselefanten durch die hellenistischen Monarchen ausübte, zeigt der Sieg des Antiochos I. Soter 275 v. Chr. über die Galater in Phrygien. Seine 16 Kriegselefanten schlugen durch ihren Anblick und den Lärm, den sie verursachten, die

Den Bewohnern Palästinas blieben diese Kriegselefanten nicht unbekannt, da ihr Gebiet als der zentrale Kriegsschauplatz im beinahe hundert Jahre andauernden Ringen zwischen Seleukiden und Lagiden um Südsyrien diente. Polybios überliefert sogar, daß Antiochos III. d. Gr. auf seinem Syrienfeldzug gegen Ägypten im Frühling 217 v. Chr. mit seinem Heer und den Kriegselefanten im Binnenland am See Genezareth vorbei den Jordan abwärts zog und dabei zahlreiche Städte besetzen ließ[110].

Die Stellung des Elefanten im Alten Testament

Im hebräischen Schriftbestand taucht der Elefant mit Ausnahme seines Produktes, dem Elfenbein seiner Stoßzähne, nicht auf. Nur die beiden griechisch verfaßten Makkabäerbücher räumen diesem Tier, und zwar als Kriegswaffe, einen großen Raum ein. Das genaue Wissen, das die Verfasser über den Kriegselefanten in den beiden Büchern darlegen, zeigt, daß sie das Tier aus eigener Anschauung kannten. Der Zug Antiochos' IV. Epiphanes unter Mitnahme der Kriegselefanten gegen seinen Neffen Ptolemaios VI. Philometer wird in 1 Makk 1,17 erwähnt. Während Antiochos IV. nach Persien zog, überließ er dem Reichsverweser Lysias die Hälfte seiner Streitkräfte und die Elefanten, damit dieser die rebel-

Pferde der Galater in die Flucht. Es wird überliefert, daß der Monarch bei der Beglückwünschung der Makedonier nach dem Sieg geweint und die Soldaten angeklagt habe, daß der Sieg allein den 16 Elefanten zu verdanken sei. Darauf ließ er als Siegesmal allein einen Elefanten modellieren (vgl. dazu E. Pottier-S. Reinach [Anm. 104] 491 f.). Auch die kampferprobten Römer verloren die Schlacht von Herakleia 280 v. Chr., als sie zum erstenmal vor den Kriegselefanten des Pyrrhos von Epeiros standen (vgl. M. Wellmann [Anm. 100] 2253). Welche Furcht die Römer vor den Elefanten, eingesetzt in einer Kriegsphalanx, empfanden, zeigt die Klausel im Friedensvertrag von Apamea 188 v. Chr., in der Antiochos III. d. Gr. verpflichtet wurde, sämtliche Kriegselefanten an die Römer auszuliefern und keine neuen mehr anzuschaffen (vgl. M. Wellmann [Anm. 100] 2254 und H. Bengtson [Anm. 63] 454 f.); eine Art SALT-Gespräche im Alten Orient! Da die Diadochen bei ihren unzähligen Kriegszügen auf immer größere Mengen von Kriegselefanten angewiesen waren und der Nachschub aus Indien dazu nicht mehr ausreichte, errichteten die Ptolemäer an der Ostküste Afrikas zwei Niederlassungen, um von dort aus regelmäßig den afrikanischen Elefanten zu jagen und zu Kriegszwecken abzurichten, was sich aber schwieriger anließ als bei den indischen Elefanten (vgl. M. Wellmann [Anm. 100] 2253). Einen solchen afrikanischen Kriegselefanten mit seinem Kornaken zeigt eine hispano-karthagische Münze. Vgl. F. Imhoof-Blumer-O. Keller, Tier- und Pflanzenbilder [Anm. 88] Taf. IV/1.

110 Vgl. U. Wilcken [Anm. 38] 2461. Im selben Jahr kam es zur Schlacht von Raphia, in der die Truppen Antiochos III. mit ihren indischen Elefanten durch die ägyptischen Truppen mit afrikanischen Elefanten geschlagen wurden.

lischen Juden zur Ruhe bringen konnte (1 Makk 3,34). Nebst einem riesigen Heer verfügte Antiochos V. Eupator über 32 Kriegselefanten (1 Makk 6,30), um sie gegen Juda heranzuführen; ein andermal setzte der junge Monarch 22 und sein Vormund Lysias nochmals 22 Kriegselefanten in ihren Heeren gegen die judäischen Aufständischen ein (2 Makk 13,2). Der überhebliche Lysias verkannte die Macht Gottes und setzte allein auf sein Heer mit dessen 80 Kriegselefanten (2 Makk 11,4). In 1 Makk 6,34–37 wird in derselben Weise, wie es uns aus den Werken antiker Schriftsteller bekannt ist, der Einsatz der Elefanten während einem Treffen geschildert. Die 32 Tiere (1 Makk 6,30) wurden in regelmäßigen Abständen in die Phalanx eingegliedert (vgl. auch 2 Makk 15,20), wobei je 1 000 Mann Fußvolk und je 500 Reiter, die bereits vor der Schlacht stets ein bestimmtes Tier begleitet hatten, die zwischen den Tieren liegenden Lücken auffüllten (1 Makk 6,35 f.). Die gepanzerten Elefanten (1 Makk 6,43) trugen hölzerne Türme (vgl. auch 2 Makk 13,15c), die einigen Kriegern Schutz boten, und das Tier wurde von einem Inder gelenkt (1 Makk 6,37). Um die Elefanten zu stimulieren, gab man ihnen den Saft von Weintrauben und Maulbeeren zu trinken (1 Makk 6,34). Diese Praxis wird auch von Aelianus überliefert, der sich auf die Elefantenstudien des Naturforschers Juba (25. v. Chr. – 23 n. Chr.) beruft [111]. Der Lärm des heranrückenden seleukidischen Heeres mit seinen Kriegselefanten brachte den Gegner in Verwirrung (1 Makk 6,41). Die Bedeutung, die die Elefanten für die Seleukiden besaßen, wird von den Verfassern der Makkabäerbücher genau erkannt, wenn im selben Vers erwähnt wird, daß Tryphon die Elefanten des Heeres besaß und so Antiochien eroberte (1 Makk 11,56). Die Elefantentruppen besaßen einen eigenen Befehlshaber (2 Makk 14,12) und unter den Kriegstieren gab es einen speziellen Leitelefanten (2 Makk 13,15). Geschah es trotzdem einmal, daß ein Heer mit solchen lebendigen Waffen geschlagen wurde, so war dies ein Ereignis, das im Gedächtnis haften blieb. So erinnert sich der Verfasser von 1 Makk 8,6 noch an den Sieg der Römer über Antiochos III. d. Gr., obwohl dieser 120 Elefanten in seinem Heer stehen hatte. Unbesieglich waren diese Tiere allerdings auch für die aufständischen Judäer nicht. In 1 Makk 6,43–47 wird dem Eleasar Awaran, dem jüdischen Winkelried, ein literarisches Denkmal gesetzt, da es ihm unter Opferung des eigenen Lebens gelang, einen Kriegselefanten zu töten.

[111] Die Angabe (Ael. n. a. XIII 8) ist entnommen M. WELLMANN [Anm. 100] 2254.

Es scheint, daß der Schrecken, den die Kriegselefanten verbreiteten, in den Makkabäerbüchern gern verwendet wird, um die aussichtslose Lage des jüdischen Aufstandes unter den Makkabäern noch farbiger zu illustrieren. Unglaublich war es, daß ein Heer mit solchen Monstren in den eigenen Reihen geschlagen werden konnte. Umso einprägsamer aber wird für den Leser der Bücher die Lehre, daß das rechte Vertrauen auf Gott alles ist; um so mehr muß der Ablauf der Ereignisse während dem makkabäischen Aufstand als ein Werk Gottes begriffen werden, da der Mensch vor einer solchen Übermacht und nicht zuletzt angesichts dieser lebendigen Waffe der griechischen Heere mit eigener Kraft nichts mehr zu unternehmen vermag. Das Reich des Menschen muß nicht mehr aus den Wolken kommen wie in Dan 7,13; es kann auf Erden verwirklicht werden, wenn man Gott auf seiner Seite hat. Dies ist in 2 Makk 15,21 die Haltung des Judas Makkabäus gegenüber der ἀγριότητα der Kriegselefanten.

Das vierte Tier ein Kriegselefant

Nach der Erörterung ikonographischer und literarische Quellen zum Elefanten und deren Beziehungen zu den Bewohnern in Palästina während der Mitte des 2. Jahrhunderts v. Chr. kann unsere Frage in bezug auf das vierte Tier in Dan 7, ob der Verfasser nicht ebenfalls für das griechische Reich ein konkretes Tier als Chiffre benützt, auch an den Text herangetragen werden. Dabei kann die Frage nun eingegrenzter gestellt werden: denkt der Verfasser von Dan 7,7 f. bei der Schilderung des seleukidischen Reiches nicht an einen Kriegselefanten?

In Dan 7,7 werden zwei Tätigkeiten des vierten Tieres genannt; einmal das Fressen, das genauer als ein Zermalmen (*dqq*) beschrieben wird, und das Zertrampeln (*rps*) des Übriggebliebenen unter seinen Füßen. Eindeutig handelt es sich hier um kein Raubtier. Als ein von den drei früheren verschiedenes Tier (Dan 7,7c) erscheint es hier. Die ersten drei Tiere waren Raubtiere. Das Zermalmen der Nahrung läßt an ein vegetarisch lebendes Tier denken. Hier käme eine Reihe von Tierarten wie der Widder, der Stein- und der Ziegenbock in Betracht, die zudem noch das charakteristische Attribut des vierten Tieres, das Horn, tragen. Doch solche Tiere können wohl kaum den gefährlichen Raubtieren gegenüber als ganz anders und weitaus gefährlicher auftreten. Auch paßt das Zertrampeln des Übriggebliebenen schwerlich zu diesen Klauentieren. Ein Elefant, der mit seinen Backenzähnen die Nahrung zermalmt und mit seinen Füßen den Boden zertrampelt, kann jedoch leicht als ein ganz anderes Tier gegenüber den Raubtieren auftreten. Seine Wirkung ist noch imposanter als die eines Löwen.

Als Attribut des vierten Tieres werden neben den zehn bzw. elf Hörnern in Vers 7 seine eisernen Zähne eigens vermerkt. *Šnjn* muß als eine Dualform gelesen werden und kann so einmal auf die beiden «Zahnreihen» des Tieres hin gedeutet werden [112]. Dabei ist aber auch nicht gänzlich auszuschließen, daß der Verfasser von Dan 7 mit den *šnjn dj-przl rbrbn* die beiden Stoßzähne, das auffälligste Merkmal am Elefanten, bezeichnen will. Im Text wird jedenfalls nicht erwähnt, daß das Tier mit diesen Zähnen frißt und zermalmt. Im Bibel-Hebräischen findet sich zwar kein Wort für den Elefanten, doch bezeichnet *šnhbjm* dessen Produkt, des Elfenbein [113]. Das Wort wird allerdings nur in 1 Kön 10,22/2Chr 9,21 gebraucht und meint hier das noch unbearbeitete Rohprodukt. In 1 Kön 10,18/2Chr 9,17 wird der elfenbeinerne Thron Salomos und in 1 Kön 22,39 das Elfenbeinhaus Ahabs geschildert. In Am 3,15 sind die Elfenbeinhäuser und in Am 6,4 die elfenbeinernen Betten der Vornehmen Samarias Zielscheibe der prophetischen Kritik. Ein Elfenbeinpalast erfreut in Ps 45,9 den König. Hld 5,14 vergleicht den Leib des Bräutigams mit einer Elfenbeinplatte und in Hld 7,5 gleicht der Hals der Braut einem Turm aus Elfenbein. In Ez 27,6 wird das Verdeck des Prachtschiffes, das Tyrus vorstellt, aus Elfenbein gezimmert. Wie der Zusammenhang bei allen diesen Stellen zeigt, handelt es sich hier immer um verarbeitetes Elfenbein. Dabei ist für Elfenbein stets das Wort *šn* «Zahn» gebraucht. Die Bezeichnung wird wohl wegen der Farbe des Materials, die der des menschlichen Zahnes gleicht, auf das verarbeitete Elfenbein übertragen worden sein. In Ez 27,15 wird nun wiederum Elfenbein in seinem Naturzustand erwähnt, wie es als Handelsware in Tyrus einlief. Diesmal wird nun die Bezeichnung *qrnwt šn* verwendet; also «Zahnhörner»!

Dieser Befund macht es wahrscheinlich, daß die Bewohner Palästinas zu einer Zeit, als sie vom Elefanten bloß dessen Stoßzähne als Importware kannten, in diesen riesige Hörner erblickten. Daran wird sich auch bei den ersten Kontakten mit dem Elfenbeinspender selber in

[112] *Sn* kann oft in der Dualform erscheinen und so die beiden Zahnreihen bezeichnen (vgl. Gen 49,12; Jer 31,29; Ez 18,2; Am 4,6 u. a.).

[113] Elfenbein heißt auf assyrisch šinni – pîri; in den Amarnabriefen šinni–bîri geschrieben. Vgl. W. Gesenius-F. Buhl, Hebräisches und Aramäisches Handwörterbuch über das Alte Testament (in Verb. mit H. Zimmern), Berlin, Göttingen, Heidelberg (17) 1959, zu šnhbjm 863.

hellenistischer Zeit nicht viel geändert haben. Ohne naturwissenschaftliches Wissen über den Elefanten müssen die Stoßzähne, trotz ihrer Lage an der Oberkieferpartie des Tieres, als Hörner erscheinen; zum Essen, der Funktion des Zahnes, können sie jedenfalls nicht gebraucht werden. In diesem Zusammenhang soll nur kurz daran erinnert werden, welche Ungereimtheiten die gebildeten griechischen Naturgelehrten über den Elefanten verbreiteten, als sie das Tier zum erstenmal kennenlernten [114]. Aristoteles interpretierte die Stoßzähne richtig als Zähne, wobei er vermutlich an der Sezierung eines Elefanten beteiligt gewesen war [115]. König Juba II. von Mauretanien (25 v. Chr.–23 n. Chr.), einer der großen Elefantenkenner der Antike, behauptete jedoch wieder, daß die Stoßzähne Hörner seien, da sie von den Schläfen des Tieres ausgehen und sie mit Feuer bearbeitet werden können, was bei Zähnen unmöglich sei [116]. Wenn also die griechisch-römische gelehrte Welt der Kaiserzeit sich noch nicht einig war in bezug auf die Stoßzähne des Elefanten, so kann dies auch bei den Judäern im 2. Jahrhundert v. Chr. nicht erwartet werden [117].

Die Hörner am vierten Tier werden wohl das Hauptargument gegen seine Gleichsetzung mit dem Elefanten darstellen. Es muß doch gefragt werden, ob der Elefant, der ja zoologisch gesichert keine Hörner trägt, überhaupt als Symboltier benutzt werden kann, dessen charakteristisches Merkmal gerade in den Hörnern liegt. Dabei ist die Vielzahl der Hörner dem gesteigerten «Chiffrierwillen» des apokalyptischen Verfassers von Dan 7 zuzuschreiben. Trägt der Leopard in Dan 7,6 auch vier Köpfe und galt es doch in Dan 7,7 f. zehn bzw. elf historische Monarchen zu symbolisieren. Zwar vermag die obige Erörterung der wichtigen Stellung des Kriegselefanten in den seleukidischen Heeren, die ebenfalls in den beiden Makkabäerbüchern zur Sprache gelangt, eine Identifizierung des

114 Zum Beispiel berichtet der griechische Leibarzt des Artaxerxes II., Ktesias, Elefanten hätten keine Gelenke und müßten deshalb an einen Baumstamm angelehnt schlafen; oder daß der Samen des Tieres beim Trocknen hart werde und dem Bernstein gleiche. Die Angaben stammen aus M. Wellmann [Anm. 100] 2249.

115 Aristoteles h. a. III 9,65. Diese Angabe stammt aus M. Wellmann [Anm. 100] 2250. Übrigens stellte die Sezierung von Elefantenkadavern in späterer Zeit in Alexandrien nichts Ungewöhnliches mehr dar.

116 Überliefert sind die Ergebnisse des Juba bei Plinius VIII 7 und Aelianus n. a. IV 31. Die Angaben ebenfalls aus M. Wellmann [Anm. 100] 2251.

117 Dabei kann auch auf unseren Sprachgebrauch vom «Stoßzahn» hingewiesen werden. Im «Zahn» drückt sich unser naturwissenschaftliches Erkennen aus; im «Stoßen» wird aber eine Tätigkeit, die ein Tier mit dem Horn ausübt, auf den Zahn des Elefanten übertragen.

gehörnten vierten Wesens der Tiervision mit dem Elefanten nicht vollends zu beweisen. Doch mit dem Hinweis auf die elfenbeinernen Stoßzähne, die dem Elefanten durchaus den Charakter eines Hornträgers zu verleihen vermochten, wie Ez 27,15 und die damalige gelehrte Diskussion zeigen, nähern wir uns der Wahrscheinlichkeit, im vierten Tier, dessen hervorstechendes Attribut doch die Hörner bilden, einen Elefanten erkennen zu dürfen.

Auch ikonographisch gibt es eine Brücke zwischen den Stoßzähnen des Elefanten und den Hörnern, die ihm in Dan 7,7 f. anhaften. Dabei soll nochmals auf die Münzdarstellungen der Lagiden und der Seleukiden, die das Porträt Alexanders d. Gr. mit der Elefantenhaut (*Abb. 3.9*) [118] zeigen, hingewiesen werden. Durch die Lage der beiden Stoßzähne über den Schläfen des Makedonen, scheinen sie ihm als Hörner aus der Stirn zu wachsen. Daß aber Elefanten problemlos nebst ihren Stoßzähnen noch mit Hörnern auf dem Kopf dargestellt werden konnten, zeigen wiederum zwei andere Prägungen des Seleukos I. Nikator (Abb. 14. 15). Auf der Rückseite der ersten Münze (*Abb. 14*) lenkt die Göttin Artemis eine Elefantenbiga und auf der zweiten Münze (*Abb. 15*) kämpft Athena mit Schild und Blitz auf einem Kampfwagen, der von vier Elefanten gezogen wird. Auf beiden Prägungen tragen die Elefanten auf ihrem Kopf Stierhörner, die sie in den Bereich ihrer göttlichen Wagenlenkerinnen erheben.

Mit diesen Ausführungen sollte gezeigt werden, daß der Text in Dan 7,7 f. nicht strapaziert werden muß, um das vierte Tier der Vision mit einem Elefanten zu identifizieren. Auf alle Fälle läßt sich Dan 7,7 ebenso gut auf einen Elefanten hin ausdeuten wie auf einen Drachen, dessen einziger Vorteil darin besteht, daß auch die widersprüchlichsten Attribute in ihm noch Platz finden.

Zum Schluß drängt sich natürlich die Frage auf, warum der Verfasser bloß den Emblem-Tieren der ersten drei Monarchien einen Namen gibt, das vierte Wesen aber, hinter dem, wie wir glauben, sich der Kriegselefant verbirgt, namenlos auftreten läßt. Wie bereits oben erwähnt, kennt die hebräische Sprache der Bibel kein Wort für den Elefanten. Vielleicht fehlte eine solche Bezeichnung gänzlich, da der syrische Elefant bereits seit dem 10. Jahrhundert v. Chr. im Vorderen Orient ausgestorben war [119]. Er blieb so den Menschen in Palästina während dem

[118] Vgl. auch noch die Prägung bei K. Lange [Anm. 65] Taf. 42 und G. K. Jenkins [Anm. 62] 220 Nr. 502.

[119] Vgl. dazu M. Hilzheimer, Elefant. In: Reallexikon der Assyriologie (hrsg.

Abb. 14

Abb. 15

1. Jahrtausend v. Chr. bis zu den Kämpfen der Seleukiden und Lagiden um Südsyrien im späten 3. Jahrhundert v. Chr. unbekannt. Einen Namen aber wird der Elefant wohl spätestens seit seinem Bekanntwerden durch die griechischen Militäraktionen erhalten haben. So genügt dieser Hinweis kaum, zu erklären, weshalb der Verfasser von Dan 7,7 f. zur Zeit Antiochos' IV. Epiphanes (175–164 v. Chr.) das vierte Tier ohne Namen ließ. Wie die Erörterungen in Anm. 95 zeigen, besteht in der Tiervision zwischen einem gemeinten Reich und dem jeweiligen Tiersymbol ein sinnvoller Zusammenhang. Dieser kann als mehr (die Meder als Bewohner des Zagrosgebirges und der Bär als Bergtier) oder weniger (die schnelle Ausbreitung des persischen Reiches und der flinke Panter) eng betrachtet werden. Diente nun der Kriegselefant dem Verfasser von Dan 7,7 f. als Emblem für die griechische Monarchie, so wurde die Verbindung zwischen beiden für jeden Leser in Palästina sofort und ohne Mühe erkennbar. Der während der griechisch-makedonischen Herrschaft lebende Autor legte seine Vision in den Mund Daniels, eines zur Zeit Nebukadnezzars am babylonischen Königshof wirkenden Weisen (Dan 1). Dieser Erzählrahmen brachte den Leser zur Auffassung, daß es sich bei der Schilderung der zeitgenössischen Macht im vierten Tier um etwas bereits seit langem Prophezeites handeln mußte. Der Schriftsteller versuchte diesen Eindruck noch zu unterstreichen, indem er seinen Bericht in eine etwas unbestimmbare, visionäre Form kleidete. Der Zusammenhang zwischen dem Kriegselefanten und der griechisch-makedonischen Herrschaft drohte aber durch seine Evidenz dieses visionäre Genus zu stören. Mit einem Verschweigen des Namens dagegen beließ der Verfasser das Symbol-Tier für das vierte Reich im undeutlich Visionären.

Da die ersten drei Herrschaften bereits der Vergangenheit angehörten und auch die Evidenz zwischen ihnen und ihren Emblem-Tieren zum Teil weniger klar durchschien, konnte der Autor letztere mit einem zoologischen Namen versehen, ohne den Stil eines Visionsberichtes aufzugeben. Wenn die bisherigen Erörterungen in bezug auf das vierte Tier überblickt werden, so bleibt doch wohl dieser Lösungsvorschlag zur Frage, warum der Verfasser von Dan 7,7 f. diesem keinen Namen gab, nicht ganz unwahrscheinlich. Natürlich muß zugegeben werden, daß er auf Mutmaßungen aufgebaut bleiben muß.

von E. EBELING und B. MEISSNER), Bd. 2, Berlin, Leipzig 1932, 354 und L. STOERK, Elefant. In: Lexikon der Ägyptologie (hrsg. von W. HELCK und E. OTTO), Bd. 1, Wiesbaden 1975, 1214–1216.

Auf jeden Fall machen es die ikonographischen Motive der hellenistischen Münzprägungen wie auch die Texte der Makkabäerbücher wahrscheinlich, daß der Verfasser von Dan 7 im bisher unbekannten Elefanten, besonders wenn er dazu noch zu kriegerischen Zwecken abgerichtet worden ist, das «Wappentier» des griechisch-makedonischen Reiches sah [120]. Zerrissen die drei früheren Weltmächte die von ihnen unterjochten Länder wie Raubtiere, so war eine Elefantenphalanx, die wie eine lebendig gewordene Stadtmauer [121] auf einem Schlachtfeld alles niedertrampelte, eine gute Chiffre für das gewaltige hellenistische Staatensystem. H. Bengtson beurteilt das Reich Alexanders d. Gr. und das der ersten Diadochengeneration als «das erste und einzige Weltreich ..., das die Geschichte kennt, wenn wir unter Weltreich ein Reich verstehen, neben dem es eine zweite Großmacht nicht gibt» [122]. Dieses vierte, dem Verfasser von Dan 7 zeitgenössische Reich leitet das Ende ein. Es besteht keine irdische Macht mehr, die diese universale Herrschaft zerstören kann. Vom einen Ende der Welt, von den Inseln des Meeres, dem Land der Kittäer im Westen, sind die Griechen gekommen und sind bis zum anderen Grenzbereich der Erde (1 Makk 1,1–3) im Osten, nach Indien gezogen [123]. Eine Änderung kann nur noch mit dem Reich aus den Wolken des Himmels kommen (Dan 7,13). Auch für die Universalität des griechisch-makedonischen Reiches gibt der Elefant eine gute Chiffre ab. Alexander d. Gr. trägt als Indienherrscher die Kopfhaut des Elefanten (*Abb. 3.9*), Seleukos I. Nikator wie Antiochos III. d. Gr. lassen nach ihren Indienfeldzügen dieses Tier auf ihre Münzen prägen (*Abb. 12*) [124] und die griechischen Götter erhalten diese Universalmonarchie, indem sie sich von Elefanten zum Kampffeld ziehen lassen (*Abb. 14*. 15).

Gerade dieses Tier konnte wie kein anderes das die ganze bisherige Ordnung des Alten Orients umstürzende griechisch-makedonische Welt-

[120] Vgl. zum «Wappentiercharakter» der einzelnen Tiere der Vision in bezug auf die von ihnen vertretenen Weltmächte Anm. 95.

[121] Vgl. das Zitat von Silius Italicus, Punica IX/239 bei E. Pottier-S. Reinach [Anm. 106] 487 Anm. 3.

[122] H. Bengtson [Anm. 63] 340. Der Autor zitiert eine Wendung von K. J. Beloch.

[123] Die Begriffe Westen/Griechenland und Osten/Indien sollen hier aber nicht in einem strikt geographischen Sinn aufgefaßt werden. Es geht darum, daß die Hellenen über die gesamte Welt herrschen, auch über Bereiche, die die Erde begrenzen, über die nur ein vages Wissen vorhanden ist; über die «mythischen Grenzgebiete».

[124] Vgl. auch die Prägungen bei E. T. Newell [Anm. 88] 26 und 65 Fig. 8; A. Bouché-Leclerq [Anm. 86] Taf. II/19 und Taf. II/21.

reich vergegenwärtigen. Der Elefant hatte den ihm angestammten Raum weit im Osten verlassen und war chaosbringend als Kriegswaffe in die Welt des Menschen eingebrochen; er war wohl dem Verfasser von Dan 7 «drachenhaft» genug, um die letzte Steigerung des Offenbarwerdens menschlicher Bosheit im vierten Reich genügend stark zu dokumentieren.

Quellennachweis und nähere Angaben zu den Abbildungen

Sämtliche Illustrationen wurden von Frau Hildi Keel-Leu gezeichnet, der ich dafür recht herzlich danke. Sie benutzte als Vorlagen die in den unten aufgeführten Veröffentlichungen publizierten Photographien.

1 K. Lange, Herrscherköpfe des Altertums. Im Münzbild ihrer Zeit, Berlin, Zürich 1938, Taf. 46.
Tetradrachmon, Silber, 16,87 gr. ø 26 mm, Prägeort Persepolis.

2 K. Lange, Herrscherköpfe, Taf. 41.
Tetradrachmon, Silber, ø 27 mm, Prägeort Alexandrien (?).

3 F. Imhoof-Blumer, Porträtköpfe auf antiken Münzen hellenischer und hellenisierter Völker, Leipzig 1885, Taf. II/1.
Tetradrachmon, Silber, 17,4 gr. ø 27 mm, Prägeort Alexandrien.*

4 K. Lange, Herrscherköpfe, Taf. 45.
Tetradrachmon, Silber, ø 29 mm, Thrakien.

5 F. Imhoof-Blumer, Porträtköpfe, Taf. III/8.
Tetradrachmon, Silber, Prägeort Persepolis (?).

6 K. Lange, Herrscherköpfe, Taf. 50.
Tetradrachmon, Silber, ø 28 mm, Makedonien.

7 K. Lange, Herrscherköpfe, Taf. 53.
Tetradrachmon, Silber, ø 18 mm, Pergamon.

8 A. Bouché-Leclerq, Histoire des Séleucides (323–64 avant J.-C.), Paris 1914 (impression anastatique, Bruxelles 1963), Taf. I/5.
Stater, Silber, 8,6 gr, ø 20 mm, Prägeort Persepolis (?).

9 G. K. Jenkins, Monnaies grecques (übers. aus dem Englischen von C. Biucchi).
In: L'Univers des Monnais, Fribourg 1972, 236 Nr. 525.
Doppeldareikos, Gold, 16,58 gr, ø 23 mm, Prägeort Ekbatana.

10 G. K. Jenkins, Monnaies, 261 Nr. 572.
Tetradrachmon, Silber, 16,9 gr. ø 27 mm, Prägeort baktrische Werkstätte.

11 G. K. Jenkins, Monnaies, 254 Nr. 565.
Oktodrachmon, Gold, 27,81 gr, ø 27 mm, Prägeort Alexandrien.

12 G. K. Jenkins, Monnaies, 261 Nr. 576.
Tetradrachmon, Silber, 16,97 gr, ø 28 mm, Prägeort iranische Werkstätte.

13 E. Pottier – S. Reinach, Fouilles dans la nécropole de Myrina (1). Eléphant foulant aux pieds un Galate. In: Bulletin de correspondance hellénique 9 (1885) Taf. 11.
Tongruppe, gebrannt, Farbreste, beidseitig modelliert, H 12 cm, Grabbeigabe aus der Nord-Ost Nekropole in Myrina, 3./2. Jahrhundert v. Chr.

14 K. G. Jenkins, Monnais, 236 Nr. 528.
Stater, Silber, 8,38 gr, ø 18 mm, Prägeort Susa.

15 A. Bouché-Leclerq, Historie, Taf. I/4.
Tetradrachmon, Silber, 8,6 gr, ø 20 mm, Prägeort Persopolis (?).

* Abb. Nr. 3 wurde ersetzt durch eine Zeichnung nach N. Jidejian, I love Lebanon III, sal Araya, Lebanon o. J., S. 39; eine Münze vom gleichen Typ bei P. R. Franke / M. Hirmer, Die griechische Münze, München 1964, Taf. 217 oben links.
Vorderseite einer Tetradrachme, die Alexander d. Gr. mit Elefantenskalp zeigt; kurz nach 323 v.Chr. geprägt von Ptolemäus als Satrap Ägyptens.

III

OTHMAR KEEL

DIE KULTISCHEN MASSNAHMEN ANTIOCHUS' IV. RELIGIONSVERFOLGUNG UND/ODER REFORMVERSUCH?

EINE SKIZZE*

* Eine erste Version dieses Textes wurde im Rahmen des «International Symposium on the Interpretation of the Bible on the Occasion of the New Slovenian Translation of the Bible». 17.–20. September 1996 in Ljubljana/Slowenien vorgetragen.
Diese erste Version wurde in den Symposiumsakten veröffentlicht: J. Krašovec, ed., The Interpretation of the Bible. The International Symposium in Slovenia (Journal for the Study of the Old Testament. Supplement Series 289), Ljubljana-Sheffield 1998, 217-242.
Der hier veröffentlichte Text stellt eine stark überarbeitete und ergänzte Fassung der ersten Version dar. Ich danke Jože Krašovec für die Einladung nach Ljubljana, meinen Kollegen Max Küchler, Adrian Schenker, Christoph Uehlinger, alle Freiburg, und Klaus Koch, Hamburg, für kritische Beobachtungen und für Literaturhinweise.

1. Eine Bemerkung zur Person Antiochus' IV.

Die christliche Tradition hat Antiochus IV. besonders aufgrund von 2 Makk 6-7, einem phantastisch-barocken Bericht über jüdische Märtyrer und Märtyrerinnen, schon früh als Vorläufer typischer Christenverfolger wie Nero, Domitian und Diokletian gesehen. Das harte Urteil über ihn ist auch von einer vermehrt säkularen Geschichtsschreibung übernommen worden. Emil Schürer z. B. rechtfertigt es in seinem Standardwerk «Geschichte des jüdischen Volkes im Zeitalter Jesu Christi» mit dem Kalauer des Polybios (ca. 200–120 v. Chr.), er sei eher ein ἐπιμανής, «ein Verrückter», als ein ἐπιφανής, «ein in Erscheinung getretener (Gott)», gewesen.[1] Wenn man aber den ganzen Text des Polybios liest, den Schürer anführt, bestätigt sich dieses Bild nicht. Es ist eher rührend, wie Antiochus, der zehn Jahre als Geisel in Rom verbracht und sich dort offenbar von republikanischen Sitten hat beeindrucken lassen, versucht, solche in Antiochia einzuführen, «mit viel Eifer und Gewissenhaftigkeit Recht spricht» und sich in öffentlichen Bädern unter das Volk mischt. Eher gewinnt man das Bild einer originellen, beweglichen, einfallsreichen, gelegentlich etwas ideologischen Persönlichkeit als das eines Verrückten. Die Ägyptenfeldzüge der Jahre 170/169 und 168 v. Chr. weisen ihn als tatkräftigen Organisator und bedeutenden Feldherrn aus. Die Art, wie er sich der arrogant vorgebrachten römischen Forderung beugt, sich aus dem eben besiegten Ägypten zurückzuziehen, bescheinigt ihm einen disziplinierten Realismus. Selbst die Grausamkeit bei der Verfolgung eines bestimmten Kults in Judäa scheint hinter der Grausamkeit weit zurückgestanden zu haben, mit der die weitherum als gerecht geltenden römischen Behörden (vgl. 1 Makk 8) während seines Aufenthaltes in Rom (1 Makk 1,10) die Teilnehmerinnen und Teilnehmer an den Bacchanalien verfolgten (s. u.). Es ist deshalb nicht gerechtfertigt, ihn als unsinnig grausam zu schildern, wie Schürer das tut. Otto Mørkholm kommt in seiner Monographie zu Antiochus IV. zum Schluss: «The result of these considerations must be that Antiochus IV, in spite of some miscalculations,

---

1 Schürer 1901: 191f; Polybios 26, 1.1-14; die von G. Vermes und G. Millar besorgte englische Ausgabe von 1973 (146f) lässt Schürers Urteil unverändert; es wird von in dieser Sache schlecht informierten Autoren mit dem dummen Kalauer des Polybios als Hauptbeweis auch sonst ab und zu bis heute wiederholt, so z. B. von Volkmann 1975: 389; Görg 1991: 15; Whitehorne 1992: 270.

was actually a shrewd politician who may even deserve to be called a statesman. His campaigns in Egypt and Armenia show him to have been an able general too. If we review the seleucid king list we may safely rate Antiochus IV well above average.»[2]

2. Die Massnahmen Antiochus' IV. im Jahre 167 nach Dan, 2 Makk und 1 Makk

Ich behandle die biblischen Zeugnisse in der Reihenfolge Dan, 2 Makk, 1 Makk, weil Dan die älteste, 1 Makk die jüngste Quelle sein dürfte.[3] Während des ersten Ägyptenfeldzugs von 170/169 hatte der frühere Hohepriester Jason auf das falsche Gerücht vom Tode des Antiochus hin eine Revolte gegen den von diesem eingesetzten Hohenpriester Menelaos angezettelt. Antiochus behandelte diesen Aufstand als offene Rebellion, an der ausser den Parteigängern des Menelaos alle Juden beteiligt waren und entsprechend bestraft werden mussten.

Nach der wohl korrekten Darstellung von 1 und 2 Makk sind der eigentlichen Religionsverfolgung somit bereits eine Anzahl Strafmassnahmen Antiochus' IV. vorausgegangen, so eine Plünderung des Tempels (1 Makk 1,21-24a; 2 Makk 5,11-16), eines oder mehrere Gemetzel unter den Jerusalemern und Jerusalemerinnen (1 Makk 1,24b.29-30; 2 Makk 5,24-26) und die Errichtung einer Garnison mit nichtjüdischer Besatzung in der Akra (1 Makk 1,33-36; vgl. 2 Makk 5,22).[4] Dennoch war es in Jerusalem unruhig geblieben.

Alle Zeugnisse sind sich darin einig, dass im Herbst 167 oder schon 168[5] eine neue Phase der Unterdrückung begann.

Die einzigen zeitgenössischen Nachrichten zu den kultischen Anordnungen Antiochus' IV. dürften einige Passagen im Buche **Daniel** sein.

---

2 Mørkholm 1966: *187; zu einem ähnlichen Urteil kommen Habicht 1989: 341-343, und Grabbe 1994: 248.

3 Für die Einleitungsfragen zum Danielbuch vgl. Niehr 1998 (mit Lit.); Burnier-Genton 1993: 47-68 datiert den Grundbestand von Dan 2-7 m. E. mit guten Gründen in die Zeit um etwa 170, Dan 8-12 und einige Ergänzungen in Dan 7 hingegen in die Zeit der Religionsnot; zu den Makkabäerbüchern vgl. Engel 1998 (mit Lit.).

4 Zum Problem der Akra siehe Bieberstein/Bloedhorn 1994: 3, 388-393.

5 So nach Bringmann 1983: 29-40, Grabbe 1991: 59-74 und anderen.

So wird in 7,25 von Antiochus IV., der als kleines, besonders aggressives Horn am vierten Tier dargestellt wird, gesagt, er unterdrücke die Heiligen des Höchsten und wolle die Festzeiten und das Gesetz ändern (*w^e^jisbar l^e^hašnajah zimnin w^e^dat*). Dem Gebieter des Himmelsheeres habe er das tägliche Opfer entzogen (*herim ha-tamid*) und sein Heiligtum verwüstet (*w^e^hušlak m^e^kon miqdašo*; 8,11). In 8,13 wird gefragt, wie lange das Gesicht vom täglichen Opfer und dem Frevel, der Entsetzen hervorruft (*ha-pæšaʿ šomem*), dauern solle.[6] Nach 9,27 «macht er vielen den Bund schwer ... und setzt den (legitimen) Schlacht- und Speiseopfern ein Ende (*jašbit zæbaḥ uminḥah*), und auf dem Flügel der Greuel[7] ist etwas, was Verwüstung anrichtet» (*w^e^ʿal k^e^nap šiqquṣim m^e^šomem*). Am ausführlichsten ist 11,31-33. Die Kräfte Antiochus' IV. würden das Heiligtum profanieren (*w^e^ḥil^e^lu ha-miqdaš*), das tägliche Opfer entfernen, «den Greuel aufstellen bzw. darbringen, der Verwüstung anrichtet bzw. Entsetzen hervorruft» (*w^e^hesiru ha-tamid w^e^nat^e^nu ha-šiqquṣ m^e^šomem*), mit glatten Worten verführen, sich am Bund zu vergehen, und diejenigen, die daran festhalten, mit Feuer und Schwert, mit Haft und Plünderung bedrängen. Eine ganz ähnliche Wendung wie in 11,31 findet sich in 12,11 (*umeʿet husar ha-tamid w^e^latet šiqquṣ šomem*). Interessant an dieser einzigen zeitgenössischen Quelle ist, dass die Massnahmen sich ausschliesslich auf den Tempelkult zu beziehen scheinen. Der legitime Kult (*ha-tamid, zæbaḥ uminḥah*) wird durch einen illegitimen ersetzt. Es geht ausschliesslich um kultische Praktiken. Die Gegenüberstellung von legitimem und illegitimem Kult legt nahe, in *šiqquṣ šomem* eine Kultmassnahme, am ehesten eine bestimmte Art von Opfer zu sehen.[8] Einen Akt und nicht einen Gegenstand suggeriert auch die Variante *ha-pæšaʿ šomem* (8,13). Es kann nicht genug betont werden, dass von der aufgezwun-

---

6 Die Wurzel *šmm* kann im *qal*, *pol* und *hiph* die gleiche Bedeutung haben und den Zustand des Entsetzens beschreiben, der angesichts einer Theophanie (Ez 3,15), einer Vision (Dan 8,27) oder eines Frevels oder Verbrechens (Esr 9,3f; Jer 2,12; Jes 59,16; 63,5) eintritt. Alle Formen können intransitive (von Entsetzen befallen sein) und transitive Bedeutung haben (Entsetzen auslösen) (vgl. Meyer 1994: 243-246).

7 Nach Meyer 1994: 246 meint der ganze Ausdruck den scheusslichen Altaraufbau. Das ist wohl richtig. Das *m^e^šomem* dürfte sich aber auch hier primär auf die *šiqquṣim* beziehen, die mit dem *k^e^nap* nicht identisch sein dürften.

8 Vgl. unten Anm. 68.

genen Verehrung eines neuen und fremden Gottes mit keinem Wort die Rede ist. Weiter ist interessant, dass im Hinblick auf jene, die diesen Kult ablehnen und am hergebrachten festhalten wollen, nicht nur von Unterdrückung, sondern auch von Verführung gesprochen wird (vgl. dazu auch 11,39b und 1 Makk 2,15-18; 2 Makk 6,21f).

Den Ereignissen zeitlich recht nahe dürfte **2 Makk** stehen, auch wenn das Werk des Verfassers, eines gewissen Jason von Kyrene, in 2 Makk nur in einer gekürzten und bearbeiteten Form vorliegt.[9] Der Stil der pathetisch-hellenistischen Geschichtsschreibung, in dem 2 Makk verfasst ist, legt nahe, auf grelle, überdeutliche Farben und barocke Übertreibungen gefasst zu sein. Nach 6,1a schliesst sich die Religionsverfolgung direkt an die vorausgegangen feindlichen Massnahmen an. «Nicht lange darauf schickte der König Γέροντα 'Αθηναῖον» (6,1a). Nach 6,1b-3.4-7 sollte er die Juden und Jüdinnen zwingen, die väterlichen bzw. göttlichen Gesetze aufzugeben (μεταβαίνειν ἀπὸ τῶν πατρίων νόμων καὶ τοῖς τοῦ θεοῦ νόμοις μὴ πολιτεύεσθαι). Da im Anschluss daran gleich die Profanation des Tempels genannt wird, dürften sich diese Abweichungen von den väterlichen Gesetzen primär auf den Tempelkult beziehen. Dieser sollte fortan nach Ζεύς 'Ολύμπιος benannt werden, wie der auf dem Garizim (auf Antrag derer, die dort wohnten) nach Ζεύς Ξένιος. Nicht-Juden sollen sich daraufhin in den heiligen Vorhöfen mit Hetären eingelassen haben. Auf dem Brandopferaltar habe man vom Gesetz verbotene Dinge gehäuft (6,4b). Schweineopfer seien dargebracht und Juden und Jüdinnen gezwungen worden, von dem Opferfleisch zu essen (2 Makk 6,18.21; 7,1). Es sei verunmöglicht worden, den Sabbat und die väterlichen Feste zu begehen (2 Makk 6,6a.11). Die Beschneidung sei bei Todesstrafe verboten worden (2 Makk 6,10).[10] Jeden Monat sollten die Juden am Geburtstag des Königs an einem Opfermahl teilnehmen, und an den Dionysien habe man sie gezwungen, sich mit Efeu zu bekränzen (6,7). Die von Dan erwähnten Massnahmen (gesetzlose Opfer, Ände-

9 Vgl. Engel 1998: 289: «Das Zweite Makkabäerbuch in seinem vorliegenden Umfang kann demnach bald nach 124 v. Chr. zusammengestellt worden sein.»

10 Auf die Beschneidung spielt wahrscheinlich auch das enigmatische Verbot in 2 Makk 6,6b an, sich als Jude zu bekennen, das Goldstein auf die Rezitation des *Schema*ʿ beziehen möchte (1983: 276).

rungen im Kalender) finden sich in 2 Makk auch (besonders 6,4b.6a.11). Zusätzlich werden aber Massnahmen explizit gegen den Sabbat und die Beschneidung genannt (6,6a.10.11). Durch eine *interpretatio graeca* sei Jahwe zu Zeus Olympios geworden, und man habe dionysische Elemente in den Kult eingeführt.

Die jüngste Quelle ist das wahrscheinlich um 100 v. Chr. verfasste **1 Makk**. Es stellt die Verfolgung in einen grossen Rahmen. Nach 1 Makk habe der König eine neue Form des Kults verlangt. Vielen Israeliten habe dieser gefallen (πολλοὶ ἀπὸ Ισραηλ εὐδόκησαν τῇ λατρείᾳ αὐτοῦ; 1,43, vgl. V. 52). Ziel des Königs soll es gewesen sein, mittels dieses Kults alle seine Untertanen zu einem einzigen Volk werden zu lassen. Jedes sollte seine Eigenart (τὰ νόμιμα αὐτοῦ) aufgeben (1,41f; vgl. V. 51). In diesem Sinne habe der König auch nach Jerusalem und in die Orte Judäas durch die Hand von Boten «schriftliche Anweisungen geschickt, hinter dem Land fremden Gesetzen herzugehen» (καὶ ἀπέστειλεν ὁ βασιλεὺς βιβλιά ἐν χειρὶ ἀγγέλων ... ἀπορευθῆναι ὀπίσω νομίμων ἀλλοτρίων τῆς γῆς). In V. 51 ist von Beamten (ἐπίσκοποι) die Rede, die die Ausführung überwachen sollten. Konkret werden das Errichten von Altären, Heiligtümern und Tempeln für fremde Götter genannt (1,47), das Opfern vor Götterbildern (1,43), das Opfern von Schweinen und anderen unreinen Tieren (1,47). «Das Gesetz (ὁ νόμος) sollte in Vergessenheit geraten und alle seine Satzungen (πάντα τὰ δικαιώματα) sollten geändert werden» (1,49). Besonders hervorgehoben werden das Einstellen der (dem Gesetz gemässen) Brand-, Schlacht- und Trankopfer am Heiligtum, der Sabbate und Feste und der Beschneidung. Alle Buchrollen des Gesetzes sollten zerrissen und verbrannt werden. Wer im Besitze einer solchen angetroffen wurde, sollte zum Tode verurteilt werden (1,45.48f. 56f.60f; 2,29-38). Auffällig ist die Präzision, mit der vermerkt wird, dass man am 15. des Monats Kislew (6. Dez. 167 oder 168[11]) auf dem Brandopferaltar den Greuel der Verwüstung errichtete (ᾠκοδόμησεν βδέλυγμα ἐρημώσεως) und dort zehn Tage später zum ersten Mal ein illegitimes Opfer darbrachte (1,54.59). Die Verfolgung hat in 1 Makk einen viel grundsätzlicheren Charakter als in Dan und 2 Makk. Sie steht im Rahmen von religionspolitischen Massnahmen, die das ganze Reich

11 Vgl. Anm. 5.

betreffen und denen alle Völker ausser den Juden nachkommen. Die Massnahmen haben nach 1 Makk das Ziel, die jüdische Religion zum Verschwinden zu bringen, Juden und Jüdinnen zum Götzenkult zu zwingen und sie so den Heiden gleichzumachen. Neben den von Dan und 2 Makk genannten Änderungen im Jerusalemer Tempelkult, neben den von 2 Makk genannten Angriffen auf Speisetabus, Beschneidung und Sabbat, postuliert 1 Makk eine grundsätzliche Attacke auf die Tora und eine Paganisierung ganz Judäas (1,47). Von Zeus Olympios und dionysischen Elementen ist aber im Gegensatz zu 2 Makk nicht ausdrücklich die Rede.

Sieht man von Elementen der Volksklage und Interpretamenten ab, bleiben als Fakten, die von allen drei oder mindestens zwei der drei Quellen registriert werden:

1. Ein planvolles Vorgehen: ein Beauftragter wird geschickt (2 Makk); Boten mit schriftlichen Anweisungen kommen; Aufseher überwachen das Ganze (1 Makk); es gibt nicht nur Unterdrückung, sondern auch Überzeugungsarbeit, «Verführung» (1 und 2 Makk; Dan).
2. Abschaffung bzw. Änderung überlieferter bzw. der überlieferten Gesetze.
3. Abschaffung des traditionellen Kults am Jerusalemer Tempel und Einführung neuer, vom Gesetz nicht vorgesehener Bräuche, die besonders den Brandopferaltar betreffen; 1 Makk und Dan umschreiben diesen oder diese mit «Greuel, der Entsetzen auslöst» o. ä.
4. Nach 1 und 2 Makk wird die Beschneidung verboten.
5. Die Unterscheidung von reinen und unreinen Tieren wird nach 1 und 2 Makk abgeschafft; Schweineopfer werden eingeführt und ihr Fleisch bei Opfermahlzeiten gegessen.
6. Der Kalender wird geändert, der Sabbat und andere heilige Zeiten werden unterdrückt.

Weitere Massnahmen, die nur von einer Quelle genannt werden, werden in den folgenden Abschnitten diskutiert.

Punkt 1 legt nahe, dass es sich nicht um ein wildes Wüten gegen alles Jüdische, sondern um gezielte Massnahmen handelte.

3. Das Programm Antiochus' IV.: Die Nivellierungstheorie

Die Fragen, die sich stellen, sind vor allem folgende: Welche der verschiedenen genannten Massnahmen sind historisch, und was für Absichten haben Antiochus IV. bzw. seine Beauftragten damit verbunden?

Eine erste Theorie, darüber, was Antiochus wollte, findet sich bereits in 1 Makk. Nach 1 Makk 1,41-51 und 2,19f wollte Antiochus seine Untertanen durch Abschaffung der regionalen Eigenheiten zu *einem* Volke machen. 1 Makk geht davon aus, dass nur die (gesetzestreuen) Juden und Jüdinnen bzw. ihre Anführer, die Familie des Mattatias, sich dagegen gewehrt hätten (1 Makk 2,19f). Aus diesem Grund habe Antiochus das Judentum ausrotten wollen. Beide Annahmen, Antiochus habe alle Kulte in seinem Reich vereinheitlichen und die standhaften Juden und Jüdinnen ausrotten wollen, sind historisch völlig unzutreffend.

Antiochus III., der Vater Antiochus' IV., hat, als er Palästina den Ptolemäern abnahm, die dortigen Kulte – anscheinend in persischer Tradition – in ihrer Existenz bestätigt.[12] Antiochus IV. hat daran grundsätzlich nichts geändert.

Auch unter Antiochus IV. pflegte weiterhin jedes Gemeinwesen seine eigenen traditionellen Kulte. Kein antiker Autor weiss um einen Versuch Antiochus' IV., eine einheitliche Reichsreligion einzuführen. Die Münzprägungen seiner Zeit beweisen positiv, dass davon keine Rede sein kann. «Seit 169/8 v. Chr., gerade zu der Zeit, als der Konflikt mit den Juden begann, erhielten zahlreiche Städte des Reiches die Bewilligung, Kleingeld zu prägen. Die Vorderseite zeigt dabei überall den Kopf des Königs in der Strahlenkrone ohne Beischrift. Soweit der König genannt wird (auf dem Revers der phönizischen Münzen), heisst es: «Des Königs Antiochus». Diese Uniformierung zeigt, dass Bild und Titel vorgeschrieben waren. Umso mehr fällt auf, dass die Rückseite dieser Prägung, die den Wahrzeichen der betreffenden Städte gewidmet ist, von keiner Einheitlichkeit zeugt. Jeder Ort bringt hier vielmehr die Gottheit, die in ihm besonders verehrt wurde; in Adana und Nisibis erscheint Zeus Nikephoros, wie auf den eigenen Prägungen des Epiphanes; Alexandria-Issos zeigt einen stehenden Zeus; Laodikea am Meer bildet ihren mit dem Poseidon identifizierten Baal ab; Sidon rühmt sich seiner Stadtgöttin; Byblos prägt mit dem altertümlichen Bilde sei-

---

12 Josephus, Antiquitates 12,129-146.

nes Gottes, der sechs Flügel hat. Die phönizischen Städte bringen dabei, zum erstenmal seit Alexander d. Gr., Aufschriften in einheimischer Sprache an. Was sollte also Epiphanes bewegen, gerade auf dem Zion den Gott der Väter durch den olympischen Zeus der Griechen zu ersetzen?»[13]

4. Das Programm Antiochus' IV.: Die Kulturkampftheorie

Die Verfolgung Antiochus' IV. kann auch nicht als eine Art Kulturkampf verstanden werden, wie das in einer Geschichte geschieht, die Poseidonius (ca. 135–50 v. Chr.) überliefert hat und die bei Diodor Siculus[14] erhalten ist. Sie erzählt, wie Antiochus IV. im Tempel in Jerusalem eine Statue des Mose gefunden habe, der auf einem Esel reitend und ein Buch haltend dargestellt gewesen sei. Antiochus habe erfahren, dass dieser Mann den Juden ihre misanthropischen und gesetzlosen Bräuche gegeben habe. Er habe vor der Statue und dem Brandopferaltar eine grosse Sau schlachten lassen und ihr Blut über beide gegossen. Nachdem das Fleisch zubereitet gewesen sei, habe er die heiligen Schriften der Juden, die die xenophoben Gesetze enthalten hätten, mit der Fleischbrühe besprengen, das ewige Licht im Tempel auslöschen und den Hohenpriester und die anderen Juden zwingen lassen, von dem Fleisch zu essen, um so ihren menschenfeindlichen Praktiken ein Ende zu machen.[15] Es versteht sich von selbst, dass die Geschichte in dieser Form nicht historisch ist.[16] Nüchterner und weniger plump, aber nicht weniger hasserfüllt als in dieser und ähnlichen Geschichten[17], werden die Massnahmen Antiochus' IV. bei Tacitus (ca. 56–120 n. Chr.) als kulturkämpferische interpretiert. Lapidar sagt der Historiker: «Antiochus bemühte sich, den Juden ihren Aberglauben (*superstitionem*) zu nehmen und griechische Sitten (*mores Graecorum*) bei ihnen einzuführen, wurde aber durch den Partherkrieg ... gehindert, bei dem

13 Bickermann 1937: 47f; vgl. auch 127f.
14 1. Hälfte des 1. Jh.; erst von christl. Schriftstellern zitiert.
15 Vgl. Stern 1974: Nr. 63.
16 Schäfer 1997: 66-69; vgl. weiter unten Abschnitt 8.
17 Vgl. Stern 1974: Nr. 44.

an abstossenden Zügen so reichen Volk (*taeterrimam gentem*) eine Besserung zu erreichen.»[18]

Dass die Kulturkampfthese in genereller Form nicht zutrifft, zeigt die Tatsache, dass sich die Massnahmen primär gegen den Tempelkult und die Juden und Jüdinnen in Jerusalem und Judäa richteten. Die viel zahlreicheren Juden und Jüdinnen in den anderen Regionen und Städten des Seleukidenreiches blieben davon unbehelligt.[19] So konnten die grossen Judengemeinden in Babylonien wie eh und je nach den väterlichen Gesetzen leben, und selbst in Antiochien wurden sie daran nicht gehindert. Die Frage bleibt, ob die Vorgänge in Judäa nicht Züge eines Kulturkampfes hatten, und Tatsache ist, dass die Verfolgung durch Antiochus, wenn sie vom König her gesehen auch auf Judäa beschränkt war, doch manche andere hellenistische Gemeinwesen dazu angeregt hat, von sich aus «ihre» jüdischen Gemeinden zu verfolgen.[20]

5. Innerjüdischer Vorgang

In seiner mit Recht berühmten Studie «Der Gott der Makkabäer» von 1937 kommt Elias Bickermann zum Schluss: «Da die Verfolgung territorial begrenzt war, so liegt es nahe anzunehmen, dass sie von der lokalen Obrigkeit angestiftet wurde. Die Überlieferung hebt tatsächlich zweimal hervor, dass der Hohepriester Menelaos und seine Gefolgschaft für die Glaubensnot verantwortlich waren.»[21] Der erste Beleg ist die Stelle Dan 11,30, die so gedeutet werden kann (aber nicht muss), dass Antiochus mit Rücksicht auf die Partei des Menelaos gehandelt habe. Eine zweite Stelle erzählt, dass im Jahre 163, als Antiochus V. sich mit Judäa versöhnte, Menelaos hingerichtet worden sei. Der Grosswesir Lysias hätte Antiochus V. mit den Worten dazu aufgefordert: «Denn er war der Urheber des ganzen Unglücks, da er den Vater des Königs (nämlich Epiphanes) überredet hatte, die Juden zu zwingen, dass sie ihren angestammten Kult verliessen» (2 Makk 13,4). Die Ideologie der Menelaospartei war wohl die der Leute in 1 Makk 1,11, die

---

18 Tacitus, Historien 5,8 = Stern 1980: Nr. 281.

19 Hengel 1973: 524; Bringmann 1983: 102.

20 Vgl. 2 Makk 6,8-9 im Hinblick auf Akko.

21 Bickermann 1937: 126; Hengel gesteht der These Bickermanns die grösste Wahrscheinlichkeit zu (1973: 524-525; vgl. auch 464ff und 548ff).

sagen: «Wir wollen einen Bund mit den fremden Völkern schliessen, die rings um uns herum leben; denn seit wir uns von ihnen abgesondert haben, geht es uns schlecht.» In 1 Makk 1,42 wird diese Ideologie Antiochus unterstellt, der verlangt haben soll, «jeder solle seine Eigenart aufgeben». Nebst allen Völkern, die sich diesem Wunsch des Königs gefügt haben sollen, fanden sich laut 1 Makk 1,43 auch viele Männer aus Israel, denen der angeordnete Gottesdienst gefiel. «Sie opferten den Götterbildern und entweihten den Sabbat.» 1 Makk 1,52f wird noch einmal vermerkt: «Viele aus dem Volke schlossen sich ihnen an; sie alle fielen vom Gesetz ab und trieben es schlimm im Land. Die Israeliten mussten sich vor ihnen (den abtrünnigen Landsleuten) verstecken, wo immer sie Zuflucht fanden.»

Das klingt auf weite Strecken recht plausibel und dürfte auch den Tatsachen entsprechen. Es ist anzunehmen, dass es Juden gegeben hat, die eine ganz und gar hellenistische Lebensweise angenommen haben, und andere, die sich den einen und anderen Aspekt hellenistischer Lebensweise zu eigen machten. Jerusalem war eine Stadt, in der im 2. Jh. v. Chr. Hellenismus und Judentum in vielfältigen Symbiosen lebten.[22] Weiter ist als Selbstverständlichkeit anzunehmen, dass die stärker hellenisierten Kreise die weniger hellenisierten zu missionieren versuchten, wie umgekehrt die traditionell ausgerichteten ihre Position verteidigten. Die 167 v. Chr. eingeleiteten und durchgeführten Massnahmen sprengen aber den Rahmen solcher Auseinandersetzungen, die unvermeidlich sind, wo zwei Kulturen aufeinanderstossen. Dass die Initiative für die konkrete Auswahl der 167 v. Chr. eingeleiteten Massnahmen nicht von den hellenisierten Juden ausgegangen ist, legen die Hinweise dafür nahe, dass diese auch der Reformpartei zu weit gingen. 2 Makk 4,16f sagt von den eifrigsten Reformern in einem *vaticinium ex eventu* voraus: «Gerade die, denen sie alles nachmachten und denen sie ganz gleich werden wollten, wurden ihre Feinde und Peiniger. Man kann sich nämlich nicht leichthin über die göttlichen Gesetze hinwegsetzen.» Die Aussage macht nur Sinn, wenn die von Antiochus inszenierten Massnahmen mit denen der Reformer nicht mehr in Einklang standen. 2 Makk 6,3 sagt, dass die Massnahmen letzten Endes *allen* zuwider waren. Es ist der Anführer der Reformpartei, Menelaos, der das Ende der Massnahmen erwirkt (2 Makk 11,29.32). Seine Hinrichtung als Urhe-

22 Hengel 1999: 128-132; Levine 1999: 53-60 und 65-66.

ber allen Unheils durch Antiochus V. (2 Makk 13,4-8) dürfte nicht mehr sein als die Beruhigung der auch politisch unhaltbar gewordenen Situation durch die Schlachtung eines Sündenbocks. Dass Antiochus V. anschliessend dann doch nochmals gegen Judäa zu Felde zieht, dürfte damit zusammenhängen, dass den Hasmonäern die Erlaubnis, zu den väterlichen Gesetzen zurückkehren zu dürfen, nicht genug war, sondern sie sich mit nichts Geringerem zufrieden geben wollten als mit der vollständigen, auch politischen Unabhängigkeit, die Antiochus V. nicht zugestehen konnte.

6. Unterstützung durch Antiochus bzw. Initiative des Antiochus

Selbst wenn die Verfolgung vom Hohenpriester Menelaos und seiner Anhängerschaft ausgegangen wäre, hätte diese doch nichts ohne Zustimmung und Beschluss ihres Oberherrn Antiochus' IV. tun können. Sein Vater hatte Jerusalem und Judäa die Erlaubnis gegeben, nach den väterlichen Gesetzen zu leben. Nur er, als dessen legitimer Nachfolger, konnte diese Autorisation wieder rückgängig machen. Ein erster Schritt dazu wurde getan, als er dem Vorgänger des Menelaos, dem gemässigten Reformer Jason, die Erlaubnis gab, einzelne Elemente der griechischen Polisverfassung in Jerusalem einzuführen (Gymnasion, Ephebie, antiochenisches Bürgerrecht). Damit war die Bürgerschaft Jerusalems geteilt worden in eine, die die Hellenisierung nach Kräften förderte, und eine, die ihr feindlich gegenüberstand.

Als Antiochus dann den gemässigten Jason durch den viel radikaleren und vor allem charakterlich unzuverlässigen Menelaos ersetzte, nahm die Spannung noch erheblich zu. Sie führte zum Bürgerkrieg zwischen Jason und Menelaos während des ersten Ägyptenfeldzugs Antiochus' IV. im Jahre 169. Für Antiochus war das eine offene Rebellion in einem kritischen Moment gegen den von ihm eingesetzten Hohenpriester, die er blutig bestrafte. Zusätzlich zu Menelaos setzte er einen Gouverneur, den Phryger Philippus, ein. Alle folgenden Massnahmen sind aus seleukidischer Sicht als Strafe für eine erfolgte Rebellion oder als Prävention einer drohenden zu sehen, denn der Konflikt schwelte weiter. Nach dem zweiten, durch Intervention der Römer abgebrochenen Ägyptenfeldzug im Jahre 168 sandte Antiochus, vielleicht auf Bitten der Menelaospartei (Dan 11,30) und evtl. auch seines Gouverneurs Philippus, im Februar/März 167 den Mysarchen Apollonius nach Jerusalem, um Ruhe durchzusetzen und in der Akra eine nichtjüdische Garnison einzurichten. Dies hat nach V. Tcherikover den erbitterten Widerstand der Hasidäer provoziert. Im April 167 entzog Antiochus Judäa die von seinem Vater gewährte Erlaubnis, nach den väterlichen Gesetzen zu leben. Nach Tcherikover war die Revolte, die kam, nicht die Antwort auf eine Verfolgung, sondern die Verfolgung die Antwort auf eine Revolte.[23] Wenn das auch überspitzt formuliert ist, so darf das Moment der Bestrafung nicht übersehen werden, und diese ging von Antiochus aus.[24] Er mag dabei die gewaltsame Unterdrückung der Bacchanalien vor Augen gehabt haben, die 186 v. Chr. während seines Romaufenthalts stattgefunden hatte.[25]

7. Das Programm der Unterdrückung bzw. Reform

Dass Antiochus ein Programm hatte und in Judäa nicht einfach gegen das Judentum wüten liess, lassen die zeitgenössischen Quellen bei aller Feindschaft gegen Antiochus noch deutlich erkennen. Auf ein Programm weisen die in 1 Makk genannten mit schriftlichen Aufträgen ausgestatteten Boten und Beamten hin. Es gab offensichtlich einen obersten mit den Massnahmen Beauftragten. In 2 Makk 6,1 ist uns wahrscheinlich sein Name erhalten. Was die Einheitsübersetzung mit «einen alten Athener» (Γέροντα 'Αθηναῖον) übersetzt, muss, da 2 Makk stets die Namen der «Verfolger» angibt, mit «Geron, ein Athener» übersetzt werden.[26] Athen war im 2. Jh. v. Chr. eine höchst angesehene Bildungsstätte, wo man sich u. a. auch mit dem Judentum beschäftigte, so schon die Aristotelesschüler Theophrast[27] und Klearchus

23 Tcherikover 1959: 196; vgl. auch 191.

24 Fischer (1980: 50f) warnt im Anschluss an Tcherikover zu Recht vor einer monokausalen Erklärung. Der Zwist zwischen hellenismusfreundlichen und traditionalistischen jüdischen Kreisen samt dazugehörigen sozialen Spannungen, das Bedürfnis Antiochus', die aufrührerische Stadt zu bestrafen bzw. zu beruhigen, und gelehrte hellenistische Vorstellungen vom Judentum dürften gleicherweise eine Rolle gespielt haben.

25 Livius 39,8-19; Goldstein 1976: 131-139.

26 Habicht 1976: 229; Goldstein 1983: 270-272.

27 372–288 v. Chr.; Stern 1974: Nr. 4-9.

von Soli[28]. Antiochus hatte sich, nachdem ihn die Römer 176 v. Chr. freigegeben hatten, in Athen aufgehalten, bis er 175 König wurde. Er fühlte sich dieser Stadt stets besonders verpflichtet.[29] Athenisch gebildete Gelehrte an seinem Hof konnten ihn mit den zwei Aspekten des Judentums bekannt machen, die bei antiken Schriftstellern, so auch bereits bei den schon genannten Aristotelesschülern, regelmässig belegt sind. Der eine Aspekt zeigt die Juden als Volk von Philosophen mit einer bewundernswert reinen Gottesvorstellung[30], der andere als Volk mit abscheulichen Bräuchen, die sie daran hinderten, mit anderen Völkern einen normalen Umgang zu pflegen. Die «abscheulichen Bräuche» werden besonders oft durch die Enthaltung von Schweinefleisch, den Sabbat und die Beschneidung konkretisiert.[31]

Besonders knapp und krass sind diese beiden Aspekte bei Tacitus formuliert (ca. 56–120 n. Chr.), der einerseits den rein geistigen Gottesbegriff der Juden (*Iudaei mente sola unumque numen intellegunt*) und ihre Praxis erwähnt, keine Götterbilder zu machen, sie aber gleichzeitig wegen menschenverachtender Bräuche tadelt.[32]

Aber nicht nur diese beiden Aspekte bilden ein Wahrnehmungsmuster, das hellenistischen Schriftstellern geläufig ist. Auch die erstmals ausführlich bei Strabo (64 v. Chr.–ca. 20 n. Chr.) tradierte Theorie, die den Gegensatz zwischen diesen zwei Aspekten historisch zu erklären versucht, dürfte erheblich älter sein, als dieser Schriftsteller. Die Elemente (zwei Aspekte des Judentums) sind seit dem 3. Jh. v. Chr. bekannt. Dass die Juden, als sie Ägypten verliessen, direkt nach Jerusalem gegangen seien und Mose als ihr Geseztgeber geamtet habe, wird ebenfalls schon im 3. Jh. von Manetho überliefert.[33] Strabo trägt seine Vorstellung wie eine etablierte, nicht wie eine neue Theorie vor. Nach dieser Theorie war Mose ein ägyptischer Priester, der mit der ägyptischen Tierverehrung ebenso unzufrieden war wie mit der griechischen Praxis, Gottheiten in Menschengestalt darzustellen. Er habe einen Gott verehrt, den man Himmel, Universum oder die Natur aller Dinge nen-

28 Um 300 v. Chr.; Stern 1974: Nr. 15.

29 Vgl. 2 Makk 9,15; Polybios 26,10; Goldstein 1983: 271 unten.

30 Vgl. die zahlreichen Belege bei Bringmann 1983: 100 Anm. 5; Schäfer 1997: 34-65.

31 Belege bei Schäfer 1997: 66-105.

32 Historien 5,5; Stern 1980: Nr. 281.

33 Stern 1974: 69.83.

nen könne. Er habe verboten, Gott in irgendeinem Bild zu verehren, und einen heiligen Bezirk ohne Bild propagiert, wo die Gerechten ihn in Träumen erfahren konnten, die Ungerechten aber keine Zeichen seiner Gegenwart erfuhren. Mose habe eine grosse Anzahl von Anhängern in eine felsige öde Gegend geführt, die niemand beansprucht habe, und wo jetzt Jerusalem sei, dort das von ihm konzipierte Heiligtum realisiert und eine sozusagen herrschaftsfreie Gemeinde gegründet. Dieses ideale Gebilde aber sei degeneriert, nachdem abergläubische Priester und tyrannische Leute die Gemeinde gelehrt und gezwungen hätten, sich bestimmter Fleischarten zu enthalten, sich beschneiden zu lassen und ähnliches mehr.[34]

Diese dem Hellenismus geläufige Wahrnehmung der jüdischen Religion als Religion mit zwei Gesichtern, einem philosophisch eindrücklichen, universalen und einem hässlichen partikularistischen scheint den Bemühungen des Antiochus bzw. seines Beauftragten zugrunde gelegen zu haben. Denn seine Massnahmen richten sich, wie noch zu zeigen sein wird, nicht gegen den bildlosen Kult des einen Gottes, sondern gegen die partikularistischen Bräuche, die Speisegesetze, das Sabbatgebot und die Beschneidung, die Absonderung bewirken. Allerdings dürften Antiochus nur der politische Sicherheitsaspekt (Rebellion) und die Notwendigkeit, den Frieden zwischen traditionalistischen und progressiven Juden wieder herzustellen, zum energischen Einschreiten veranlasst haben. Vergessen wir nicht: Schon der eher traditionalistische Hohepriester Onias III. ging seinerzeit zu Seleukus IV., dem Bruder und Vorgänger Antiochus' IV., nach Antiochien, um dessen Vermittlung in diesem Streit zwischen diesen beiden Lagern zu bewirken (2 Makk 4,1-6).

Die Idee, den Massnahmen Antiochus' IV. könnte als Konzept nebst der Unterdrückung der Rebellion ein mit Lockungen und Strafen orchestrierter Reformversuch zugrundegelegen haben, ist schon von Bickermanns Schüler Jonathan A. Goldstein vorgetragen worden.[35] Goldstein vermutet, Antiochus habe in Jerusalem einen altkanaanä-

---

34 Strabo, Geographica 16,2,34-36 idealer Zustand; 37 Degeneration; Stern 1974: Nr. 115; zur Frage nach dem Alter dieses Textes und der Zuschreibung an Posidonius vgl. Stern 1974: 264-266 und Bringmann 1983: 104.

35 Goldstein 1983: 276 «Surely our studies have shown that in the imposed cult Antiochus was trying to force Jews to return to what he thought was the original 'wholesome' Jewish pattern.» Vgl. ebd. 98-112.

ischen Kult wiederherstellen wollen. Aber erstens ist nicht einzusehen, was Antiochus an einem solchen Kult hätte interessieren können, und zweitens hat der Versuch jede Wahrscheinlichkeit verloren, insofern Goldstein den «Greuel der Verwüstung» völlig freihändig als drei Masseben zu interpretieren versuchte, die eine Trias von drei Gottheiten dargestellt hätten.[36] Einen zweiten Versuch, das Geschehen als Reform zu begreifen, hat Joann Scurlock gemacht. In einem reich dokumentierten Aufsatz versucht sie plausibel zu machen, dass der Jerusalemer Tempel von Antiochus IV. Zeus Olympios geweiht worden und JHWH dort als *synnaos theos*, d. h. als eine Art Beisasse, verblieben sei. Dabei soll er in der Weise des Dionysos-Osiris verehrt worden sein. Dionysos-Osiris war nach Herodot[37] neben Selene die einzige Gottheit, der man in Ägypten Schweine opferte.[38] Problematisch an dieser Lösung ist, dass die älteste Quelle, das Danielbuch, weder von einer neuen Gottheit noch von einer Neuinterpretation JHWHs etwas weiss. Auch in den beiden Makkabäerbüchern lautet der Hauptvorwurf, dass Antiochus die traditionellen Opfer, die väterlichen Überlieferungen, allen voran die heiligen Zeiten, speziell den Sabbat, die Speisetabus, besonders das des Schweinefleischs und die Beschneidung habe abschaffen wollen. Scurlock konzentriert sich, was das Rituelle betrifft, einseitig auf die Schweineopfer und vernachlässigt die anderen Elemente (Sabbat, Beschneidung). Die Weihung an Zeus Olympios kann sich einzig auf 2 Makk 6,2 berufen. Die im gleichen Vers genannte Parallele der Weihung des Heiligtums auf dem Garizim an Zeus Xenios legt die Vermutung nahe, es könnte sich um eine freihändige Analogiebildung handeln. Die Interpretation JHWHs vom Garizim als Zeus findet sich auch bei Josephus, diejenige JHWHs in Jerusalem nicht.[39] Der dionysische Aspekt der Massnahmen des Antiochus findet sich ebenfalls nur im 2 Makk 6,4 und 7 und lässt sich aus der Apperzeption JHWHs als Dionysos verstehen (s. u. Abschnitt 10).

Dass Goldstein und Scurlock in den Massnahmen des Antiochus ein Reformelement wahrnehmen, scheint mir richtig, nur scheint mir das Programm, wenn man das Alter der Quellen und den Schwerpunkt der Vorwürfe ernst nimmt, ein anderes gewesen zu sein, als es von Gold-

---

36 Vgl. dazu unten Abschnitt 8, Absatz b.

37 Herodot, Historien 2, 47-48.

38 Scurlock 2000: passim, besonders 131-133, 139-146, 157-159.

39 Antiquitates 12,261.263.

stein und Scurlock rekonstruiert wird. Das soll im Folgenden noch etwas spezifiziert werden, um so das Konzept eines Reformversuchs annehmbarer zu machen.

8. Was war der Greuel, der Entsetzen hervorruft?

Als Kern der Massnahmen Antiochus' IV. erscheint im Danielbuch und in 1 Makk ein Gegenstand oder ein Vorgang, der in Dan 8,13 verhüllend als «der Frevel, der Entsetzen hervorruft» (*ha-pæša*ʿ *šomem*) erscheint. In Dan 9,27 wird er als etwas, «auf dem Flügel der Greuel, das Verwüstung anrichtet» (*w*ᵉ*ʿal k*ᵉ*nap šiqquṣim m*ᵉ*šomem*) bezeichnet. «Flügel der Greuel» dürfte den Altaraufsatz auf dem Brandopferaltar meinen, von dem andere Quellen deutlicher reden (s. u.). Nach Dan 11,31 «stellten sie den Greuel auf[40] bzw. brachten sie den Greuel dar[41], der Entsetzen hervorruft» (*w*ᵉ*nat*ᵉ*nu ha-šiqquṣ m*ᵉ*šomem*). Eine ganz ähnliche Formel verwendet Dan 12,11, wo von dem Zeitpunkt die Rede ist, als man den Greuel aufzustellen bzw. darzubringen begann, der Entsetzen hervorruft (*umeʿet husar ha-tamid w*ᵉ*latet šiqquṣ šomem*).[42] 1 Makk 1,54 sagt: «Am 15. Kislew des Jahres 145 baute man den Greuel der Verwüstung auf dem Brandopferaltar» (...ᾠκοδόμησεν βδέλυγμα ἐρημώσεως ἐπὶ τὸ θυσιαστήριον).

Worum hat es sich bei diesem unaussprechlich greuelhaften, Entsetzen und Verstörung hervorrufenden Ding bzw. Vorgang (vgl. das *pæša*ʿ in Dan 8, 13) gehandelt? Drei Deutungen werden immer wieder vorgetragen.[43]

a. 1 Makk 1,54 redet davon, dass der Greuel der Verwüstung auf dem Opferaltar aufgebaut wurde. Nach 1 Makk 1,59 opferte man zehn Tage später auf dem Altar, den man über dem Brandopferaltar errichtet hatte (θυσιάζοντες ἐπὶ τὸν βωμόν ὃς ἦν ἐπὶ τοῦ

40 Zu *natan* «aufstellen» vgl. z. B. Jer 1,15 *w*ᵉ*nat*ᵉ*nu ʾiš kissʾo* «jeder wird seinen Stuhl aufstellen»; 2 Chr 35,3 *t*ᵉ*nu ʾæt-ʾaron-ha-qodæš* «stellt die heilige Lade auf».

41 Zu *natan* «darbringen» vgl. z.B. Ex 30,14 *kol ... jitten t*ᵉ*rumat jhwh*; Koh 4,17 *w*ᵉ*qarob lišmoa*ʿ *mitet ha-k*ᵉ*silim zabaḥ*.

42 Zu den Varianten vgl. oben Anm. 5 und HAL IV 1447.

43 Vgl. dazu Collins 1993: 357f.

θυσιαστηρίου). Nach 1 Makk war der *šiqquṣ* dieser Aufbau. Die Vorstellung eines Aufbaus auf dem traditionellen Opferaltar wird von Josephus bestätigt, der sagt: «Der König (Antiochus) baute auch einen Altar auf den Tempelaltar und opferte Schweine darauf und praktizierte so eine Form des Opfers, die weder gesetzeskonform noch einheimisch war (ἐποικοδομήσας δὲ καὶ τῷ θυσιαστηρίῳ βωμὸν ὁ βασιλεὺς σύας ἐπ αὐτοῦ κατέσφαξε, θυσίαν οὐ νόμιμον οὐδὲ πάτριον τῇ 'Ιουδαίων θρησκείᾳ ταύτην ἐπιτελῶν)».[44] Josephus unterscheidet wie 1 Makk 1,54 und 59 klar zwei Elemente: Das erste Element ist ein Altar (βωμός) auf dem Altar (θυσιαστηρίον). βωμός kann, wie ein Blick in die Konkordanz von Hatch/Redpath zeigt, hebräisch *bamah* wiedergeben, eine als illegitim erachtete Kulthöhe (z. B. Hos 10,8), einen als illegitim erachteten Altar (*mizbeaḥ*; z. B. Ex 34,13; Dtn 7,5) oder einen halbwegs legitimen Altar ausserhalb Jerusalems, wie etwa die Altäre, die Bileam bauen liess (Num 23,1f). θυσιαστήριον bezeichnet in der griechischen Bibel über 350mal den Hauptaltar des JHWH-Kults. Das Wort βωμός deutet an, dass es sich beim Aufbau auf dem legitimen Altar um etwas Paganes handelte. Warum Antiochus diesen Altar auf dem Altar bauen liess, wird nicht gesagt. Vielleicht sollte er architektonisch sichtbar machen, dass JHWH hier eine neue Art von Kult dargebracht wurde. Das eigentlich Entsetzliche aber liegt nach Josephus deutlich im zweiten Element, in den Schweineopfern. Deren Illegitimität und Fremdheit wird nicht nur angedeutet, sondern explizit hervorgehoben. Josephus weist nochmals auf sie hin, als er erzählt, dass Antiochus VII. (138–129 v. Chr.) während seiner Belagerung Jerusalems anlässlich des Laubhüttenfests Opferstiere in die Stadt sandte. Er betont, wie verschieden dieser Antiochus von Antiochus IV. gewesen sei, «der, als er die Stadt einnahm, Schweine auf den Altären opferte, das Heiligtum mit deren Fett verschmierte und so die Riten der Juden und ihre traditionelle Kultpraxis pervertierte (ὃς τὴν πόλιν ἑλὼν ὗς μὲν κατέθυσεν ἐπὶ τῶν βωμῶν, τὸν νεὼν δὲ τῷ ζωμῷ τούτων περιέρρανε, συγχέας τὰ Ιουδαίων νόμιμα καὶ τὴν πάτριον αὐτῶν εὐσέβειαν).»[45] Josephus' zweites Element, die Schweineopfer auf dem Hauptaltar in Jerusalem, scheinen aber auch 1 Makk nicht fremd gewesen zu

44 Antiquitates 12,253.

45 Antiquitates 13,243.

sein, da in 1 Makk 1,46 von der Schändung des Heiligtums und im folgenden Vers von neuen Altären und Schweineopfern die Rede ist. 2 Makk 6,5 scheint die Aussage von Josephus (und von 1 Makk 1,46f.54) zu bestätigen, wenn gesagt wird, der Altar habe sich mit unreinen, von den Gesetzen verbotenen Gaben gefüllt. Nichts war abscheulicher als Schweineopfer. Von dem von Josephus erwähnten Aufbau ist in 2 Makk anscheinend nicht die Rede. 1 Makk 1,54 stellt den Aufbau, 2 Makk 6,5 die unreinen Opfer in den Vordergrund. Die Schweineopfer werden, wie wir in Abschnitt 4 gesehen haben, auch von Poseidonius überliefert. «Schweineopfer auf dem neuen Altaraufbau» repräsentieren so das mit Abstand älteste und am breitesten und deutlichsten bezeugte Verständnis des «Greuel der Verwüstung». Sie sind wahrscheinlich auch mit den verschiedenen Ausdrücken im Danielbuch gemeint.[46]

In Dan 9,27 dürfte *k^e^nap* den Aufbau auf dem Hauptaltar des Jerusalemer Tempels bezeichnen (vgl. Mt 4,5; Lk 4,9)[47], während die *šiqquṣim* etwas auf diesem Aufbau meinten. Die Wurzel *šqṣ* begegnet «in zwei verschiedenen Bedeutungen: die eine (*šeqeṣ*) erscheint nur in Leviticus und bezieht sich auf verbotene Tiere. Die andere ist für die deuteronomistische Literatur charakteristisch und steht im Zusammenhang mit falschen Gottes- und Götzenbilderverehrung; hierher gehören mit einer Ausnahme (Sach 9,7) alle Belege für *šiqqûṣ*».[48] Zu diesem Urteil kommen die Autoren, weil sie es für eine ausgemachte Sache halten, dass mit *šiqqûṣ* im Danielbuch nur *ba'al šāmajim* gemeint sein kann.[49] Aber das ist, wie zu zeigen sein wird, ganz unwahrscheinlich. Auch sie sehen, dass mindestens in Sach 9,7 *šiqqûṣ* auch unreine Speisen, genauer «verbotenes Fleisch» bedeuten kann[50], und in Nah 3,6 generell etwas Unreines. Selbst bei den *šiqqûṣim* im Jeremiabuch, die der deuteronomistischen Tradition zuzurechnen sind, können nach den beiden Autoren

46 Vgl. auch Bellum 1,34. Von Schweineopfern redet auch das rabbinische Werk über die makkabäische Revolte: *M^e^gillat Beth Ḥašmonai* bzw. *M^e^gillat 'Anti'okos*, ed. Kahana, Siphruth ha-historia ha-jisra'elit, 1922, I 17.

47 Grabbe 1997: 598.

48 Freedman/Welch 1994: 462.

49 Freedman/Welch 1994: 465.

50 Freedman/Welch 1994: 463.

«Götzen oder Kultbräuche»[51] gemeint sein. Damit kann diese Bedeutung auch im Danielbuch nicht ausgeschlossen werden. Das Zeugnis des Josephus und der beiden Makkabäerbücher machen es sehr wahrscheinlich, dass das Unaussprechliche, das den Tempel «verwüstete» (Wurzel *šmm*), auch nach dem Danielbuch primär das Opfern von Schweinen gewesen ist.

b. In 1 Makk 4,42-47 wird erzählt, wie der Altar wieder instand gestellt wurde, nachdem Judas Makkabäus den Tempel von der hellenistischen Besatzung befreit hatte. Dabei wird zwischen den Steinen der Abscheulichkeit (μιασμοῦ) unterschieden, die an einen unreinen Ort gebracht werden, und den Steinen des verunreinigten (βεβηλωμένου) Brandopferaltars[52], die auf dem Tempelplatz deponiert werden, bis ein Prophet kommt und sagt, was damit geschehen soll.[53] Einige Autoren haben aus dieser Erwähnung von Steinen auf dem Brandopferaltar geschlossen, es könnte sich um Masseben gehandelt haben, die in der alten, «reinen» jüdischen Religion toleriert waren.[54] Jonathan Goldstein denkt aufgrund einer Kombination verschiedener Stellen und deren eher gewagter Interpretation an drei Meteoriten, die Hadad-Zeus, Anat-Athene als Himmelkönigin und Adonis-Dionysos verkörpert hätten.[55] John Collins nennt die These mit Recht «very speculative».[56] Joann Scurlock findet gar: «Goldstein's reconstruction of original Canaanite religion ... is little short of bizarre.»[57] Davon abgesehen, dass nirgends von drei Meteoriten die Rede ist, lässt sich auch nicht nachweisen, dass es die Vorstellung gegeben hat, das ursprüngliche reine Judentum hätte drei Gottheiten verehrt. 1 Makk 4,42-47 erfordert keinen anderen Sachverhalt als die Erklärung a mit dem Aufbau auf dem traditionellen Altar.

c. Eine dritte immer wieder vorgetragene Interpretation des «Greuels der Verwüstung» meint, es habe sich dabei um eine Statue des Zeus Olympios gehandelt.[58] Hieronymus (345–419/20 n. Chr.) ist der

---

51 Freedman/Welch 1994: 464.

52 Die Einheitsübersetzung hat beide Male «entweiht».

53 Vgl. Goldstein 1976: 144.

54 Vgl. Gen 28, 11.18.22; Ex 24,4; Dtn 27,4.

55 Goldstein 1976: 144-151.

56 Collins 1993: 358 Note 105.

57 Scurlock 2000: 138 Anm. 52.

58 So etwa Hartman/di Lella 1978: 252f.

erste, der in seinem Kommentar zu Dan 11,31 diese Erklärung bietet. Er beruft sich dabei auf Porphyrios' *Adversus Christianos* (XI, 31ff).[59] Porphyrios lebte zwischen 232/233 und dem Anfang des 4. Jh. n. Chr., also Jahrhunderte nach den Ereignissen. Die Interpretation beruft sich auf 2 Makk 6,2 (Weihung des Tempels an Zeus Olympios). Wir haben schon gesehen, dass diese Stelle wahrscheinlich eine fiktive Parallelisierung der Vorgänge auf dem Garizim darstellt.[60] Davon abgesehen würde eine solche Weihung nicht notwendig die Errichtung einer Statue implizieren. Von einer solchen ist auch nirgends die Rede. Wenn eine solche, ohne eine Spur zu hinterlassen, doch angefertigt worden wäre, hätte «ein solches plastisches Götterbild ... seinen Ort im Innern des Tempelgebäudes, in der Cella, jedenfalls nicht auf dem Brandopferaltar im Tempelhof» gehabt.[61] Da Antiochus bei seiner Unterdrückung und Zwangsreform wahrscheinlich vom hellenistischen Idealbild des moasischen Judentums ausgegangen ist, bei dem die Bildlosigkeit eine grosse Rolle spielte, ist auch von daher nicht anzunehmen, dass er eine Statue aufstellen liess. Wenn man die Weihung an Zeus Olympios nicht als fiktive Analogiebildung akzeptieren will, erklärt sich Zeus Olympios hinreichend als *interpretatio graeca* für JHWH, insofern JHWH als Berggott verstanden werden konnte.[62]

d. Eine vierte Lösung, eine Art Variante der dritten, sieht die Unmöglichkeit, eine Statue zu postulieren. Sie schlägt vor, den *šiqquṣ (m^{e})šomem* als Relief oder ähnliche Dekoration am anstössigen Altaraufbau (βωμός) zu verstehen, etwa als Bild eines Adlers, dem Symboltier des Zeus und des Baʿal Šamem, oder als Flügelsonne.[63] Man könnte in diesem Zusammenhang auf die Geschichte vom goldenen Adler an der Tempelfassade und seine Zerstörung unter Herodes hinweisen.[64] Aber schon diese Geschichte zeigt, dass nur eine besonders rigoristische Haltung die Zerstörung forderte. In der Fol-

59 Stern 1980: Nr. 464r.

60 Vgl. oben Abschnitt 7.

61 Blum 1997: 14.

62 Vgl. zusätzlich zum Sinai bzw. Horeb noch 1 Kön 20,23 und die Prädikation des Zion als Berg bzw. als Zafon in Ps 48,3.

63 Bentzen 1952: 68 zu Dan 9,27b; Hengel 1973: 538 Anm. 223; vgl. Collart 1986: 75-78.

64 Josephus, Bellum 1,648-655.

gezeit erschien der Adler über Synagogeneingängen und in anderen jüdischen Zusammenhängen. Für breite jüdische Kreise war das offensichtlich unanstössig.[65] Einen ganz präzisen Vorschlag zum Verständnis des *šiqquṣ (m^e)šomem* als Dekoration auf dem Aufbau hat Erhard Blum gemacht. Er will das *m* von *šiqquṣim* in *w^{e}ʿal k^{e}nap šiqquṣim m^{e}šomem* in Dan 9,27b als Dittographie streichen und liest: *w^{e}ʿal kanap šiqquṣ m^{e}šomem*. Den so korrigierten Text möchte er im Lichte einer singulären perserzeitlichen Jehud-Münze im British Museum sehen. Die Münze zeigt eine Zeusgestalt mit ausgestreckter Hand, auf der ein Vogel (Adler?, Falke?) steht. Die Gestalt sitzt auf einem Rad mit Flügel (**Abb. 1**).[66] Blum versteht und übersetzt den Text nun: «*'und auf einem Flügel ist/sitzt ein verwüstendes Scheusal'*, bzw. nach Auflösung der pejorativen Kodierung: *'Und auf einem Flügel ist/sitzt (der Götze) Baalschamem'*».[67] Die Variante «sitzt» ist vom Bild bestimmt. Sie hat keinen Rückhalt im Text. Das Grundproblem dieser Interpretation ist aber, dass sie *šiqquṣ (m^e)šomem* als Kodierung von Baʿal Šamem versteht. Das ist die Basis, und diese Basis hält nicht.

Die lange als *opinio communis* geltende Interpretation des *šiqquś (m^e)šomem* als Verballhornung von *baʿal šamajim* ist keineswegs so naheliegend, wie es rund 100 Jahre lang schien.[68] Das Verständnis als Verballhornung geht auf E. Nestle zurück. Er hat sie 1884 in einer Notiz, die gerade 25 Zeilen umfasste, vorgetragen und kurz begründet. Nestle geht davon aus, «dass unter dem βδελυγμα ερωμησεως der dem olympischen Zeus geweihte Altar zu verstehen sei, den Antiochus Epiphanes im Tempel zu Jerusalem aufstellen liess ...; ob auch eine

65 Michel/Bauernfeind 1959: 425 Exkurs III.

66 Blum 1997: 18 Abb. 1b; Keel 1977: 270 Abb. 195.

67 Blum 1997: 25.

68 Von den in der ersten Version dieses Aufsatzes zitierten Autoren hat jedenfalls kaum einer die These in Frage gestellt (vgl. aber Meyer 1994). Inzwischen habe ich gesehen, dass J. Lust dieser schon 1993 energisch und mit guten Gründen widersprochen hat. Er hat die oben in Abschnitt 2 unter Daniel skizzierte Beobachtung, dass *šiqquṣ (m)^{e}šomem* konsequent im Kontrast zu *tamid* und den anderen regulären Opfern steht, auch schon gemacht und daraus geschlossen, dass der Ausdruck ein bestimmtes Opfer oder den Altar für ein solches bezeichnen muss. Er weist auch darauf hin, dass der Referent von *(m^e)šomem* in Dan 11 und 12 Antiochus IV. ist. Scurlock zitiert Lust zustimmend (2000: 129 Anm. 20).

Statue des Zeus dabei war, ist noch fraglich. Wie erklärt sich aber die so seltsame Bezeichnung im Buche Daniel? Nun ganz einfach: *šqwś šmm* ist nichts anderes als *bʿl šmm*: Baal-šamem; d. h. Zeus. Ich war sehr überrascht, nachdem mir diese Vermutung aufgestossen war, eben an der biblischen Stelle, die von diesem Tun berichtet, II. Makk. 6,2, in der syrischen Bibel Ζευς wirklich durch *bʿlšmjn* wiedergegeben zu finden, gleichsam zur Bestätigung dieser Gleichsetzung.»[69] Die masoretische Punktation sei absichtliche Verketzerung. Diese Deutung wird, wie gesagt, bis heute regelmässig übernommen.[70] Wie wahrscheinlich ist sie? Erstens ist darauf hinzuweisen, dass die Syriaca das «Zeus Olympios» von 2 Makk 6,2 zwar mit *bʿlšmjn* wiedergibt, das aber noch keineswegs heisst, dass sie *šiqquṣ (mᵉ)šomem* deshalb als Verballhornung von Baʿal Šamem verstanden hat. Zweitens ist darauf hinzuweisen, dass Nestle von 1 und 2 Makk ausgeht und dem Kontext, in dem der enigmatische Ausdruck in Dan erscheint, überhaupt keine Beachtung schenkt. Dort steht er aber, wie oben Abschnitt 2 herausstellt[71], konsequent im Gegensatz zur legitimen Opferpraxis. Die traditionelle Verballhornung von *baʿal* ist *bošæt*, nicht *šiqquṣ*. *šiqquṣ* erscheint in Formeln wie «Milkom, das Scheusal der Ammoniter» (1 Kön 11,5), «Kemosch, das Scheusal der Moabiter» (1 Kön 11,7), «Aschtoret, das Scheusal der Sidonier» (2 Kön 23,13) usw. *šiqquṣ* bezeichnet aber, wie gesagt, gelegentlich auch einen verfemten Kultbrauch.[72] Dan 8,13 zeigt, dass *šiqquṣ* in unserem Zusammenhang mit *pæšaʿ* austauschbar ist. *pæšaʿ* bezeichnet aber durchwegs einen Vorgang[73] und keinen Gegenstand und ist so schwer auf eine Göttergestalt wie Baʿal Šamem zu beziehen, hingegen problemlos auf einen Altaraufbau fur Schweineopfer bzw. auf Schweineopfer.

Für die, die für Wortspiele empfänglich sind, muss es verführerisch bleiben, wenigstens das zweite Element von *šiqquṣ (mᵉ)šomem* von *šamajim* her zu interpretieren. Wenn das erste Element aufgrund des Kontexts in Dan aber nicht auf Baʿal gedeutet werden kann, verliert auch die Rückführung von *šomem* auf *šamajim* als zweites Element der

69 Nestle 1884: 247f.

70 Besonders explizit bei Eissfeldt (1939) 1963: 174.191.195 und Hengel 1973: 542f.

71 Vgl. auch oben Anm. 68.

72 Freedman/Welch 1994: 461-465, bes. 464.

73 Seebass 1989: 791-810, bes. 808.

Wortverbindung erheblich an Attraktivität. I. Meyer hat gezeigt, wie die Wurzel *šmm* in exilischer und nachexilischer Zeit dazu dient, höchstes Entsetzen und höchste Verstörung und Zerstörung zu beschreiben (Ez 3,15; Esr 9,3f). Wenn man *šmm*, wie er das vorschlägt, in den verschiedenen Formen und Kombinationen, in denen es in Daniel vorkommt, auch entsprechend verschieden übersetzt, wird die Deutung als Verballhornung von *šamajim* sowohl vom Klanglichen wie vom Semantischen her unwahrscheinlich.[74] Wer *šmm* in Dan 7-12 dennoch nur als Verballhornung von *šamajim* glaubt verstehen zu können, der oder die kann es wohl noch am ehesten über den Gegensatz zwischen *šmjm* «Himmel» als Metonymie für JHWH (vgl. Dan 8,10f) und *šomem* «Verwüster» als Antonomasie für Antiochus IV. (Dan 9,27) tun. Im Gegensatz zu Dan 2-5 (vgl. z. B. Dan 4,23) spielt «Himmel» als Metonymie für JHWH in Dan 7-12 allerdings kaum eine Rolle.

Nicht einmal das an und für sich schon singuläre und fragwürdige[75] «Zeus Olympios» in 2 Makk 6,2 ist eine Stütze für die Deutung auf Baᶜal Šamem, wie Nestle und seine Anhänger meinen. Baᶜal Šamem wird im 2. Jh. v. Chr. mit Ζεύς ὕψιστος καὶ ἐπήκοος oder Ζεύς μέγιστος κεραύνιος wiedergegeben.[76] Die Identifikation von Baᶜal Šamem mit Zeus Olympios ist einerseits von Nestles Interpretation des *šiqquṣ šomem* und andererseits vom Zeus Olympios in 2 Makk 6,2 abhängig. Dabei handelt es sich um einen Zirkelschluss. Alle übrigen Texte, die immer wieder als Belege für die Gleichung Baᶜal Šamem = Zeus Olympios in Anspruch genommen werden[77], beweisen nicht, was sie beweisen sollen. Vom Zeus Olympios bzw. Zeus in Tyrus[78] wird nirgends gesagt, dass er mit Baᶜal Šamem identisch sei.[79] Philo von

74 Meyer 1994: 246.

75 Vgl. oben Abschnitt 7.

76 Collart 1986: 75; Bonnet 1992.

77 Vgl. oben Anm. 70.

78 Josephus, Contra Apionem 1, 113 und 118, bzw. Antiquitates 8,145 und 147.

79 Im Vertrag Asarhaddons mit Baal von Tyrus werden die Gottheiten von Tyrus nicht speziell genannt. Es ist generell von den grossen Göttern Himmels und der Erde, von den Göttern Assyriens, Akkads und Syriens (*Ebernari*) die Rede. Von letzteren sind namentlich aufgeführt: Bethel und Anat-Bethel, Baal-sameme, Baal-malage und Baal-Saphon, Melqart und Eschmun und Astarte (Borger 1983: 159). Nirgends wird gesagt, dass eine dieser Gottheiten speziell für Tyrus wichtig gewesen sei. Am ehesten kann man Melqart Tyrus zuordnen. Herodot findet in Tyrus zwei Melqart bzw. Herakles-

Byblos bzw. Eusebius sagt vom Βεελσάμην nur, dass er griechisch Zeus heisse. Von Olympios ist nicht die Rede. Wahrscheinlich ist hingegen die Identifizierung des «Gottes der Burgen» in Dan 11,38 mit Jupiter Capitolinus Maximus, und dieser ist wiederum mit Zeus Olympios[80] oder Ζεύς 'Ακραῖος, d. h. dem Zeus der Akra, der Akropolis[81] identisch. Wenn die Identifikation JHWHs mit Zeus Olympios historisch sein sollte, dann ist auch von daher unwahrscheinlich, dass mit *šiqquṣ (m^e)šomem* Baʿal Šamem gemeint ist.

Der konsequente Gebrauch des verschleiernden Ausdrucks in Dan verbirgt etwas Tabuisierteres als den «Himmelsherrn». Seit der Perserzeit ist JHWH immer wieder als «Gott des Himmels» (Esr 5,11f; 6,9f; Neh 1,4f; Dan 2,18f) oder als «Himmel» (10mal in 1 Makk; 14mal in 2 Makk) prädiziert worden. In Dan 5,23 findet sich einmal sogar der Ausdruck «Herr des Himmels» (*mareʾ š^emajaʾ*). Selbst wenn im Falle von Baʿal Šamem das Element Baʿal hätte Anstoss erregen können[82], scheint es mir angesichts des eben skizzierten Sachverhalts unwahrscheinlich, dass der Begriff «Himmelsherr» etwas so unsäglich Abscheuliches gewesen sein könnte, dass man es in der zeitgenössischen Literatur (Daniel) konsequent vermied, offen davon zu sprechen. Endlich gibt es keinerlei Hinweise dafür, dass Antiochus IV. in irgendeiner besonderen Weise am Kult des Baʿal Šamem speziell interessiert war.

Wie dem auch sei, für unsere Frage sind diese Probleme sowieso nur von sekundärer Bedeutung. Entscheidend ist, dass das Danielbuch den *šiqquṣ (m^e)šomem* nicht als Gegengott zu JHWH hinstellt, sondern als Veranstaltung im Gegensatz zu den regulären Opfern, dass die ältesten Quellen, die das Vergehen des Antiochus klar beim Namen

---

Tempel (Historien 2,44). Josephus redet an verschiedenen Stellen von tyrischen Gottheiten und ihren Tempeln. Auch er weiss von mehreren Tempeln für Herakles (Antiquitates 8,146). Daneben nennt er einen Tempel für Zeus (Antiquitates 8,145). Er dürfte mit dem Baal der Tyrier identisch sein, der in Antiquitates 9,138 genannt wird. Nach Antiquitates 8,147 schloss Hiram, der mit Salomo in Kontakt war, den Tempel des Zeus Olympios, der bis anhin ausserhalb der Stadt gelegen hatte, in die Stadt ein. Es kann sich um einen Tempel des Baal Saphon oder sonst eines Baal gehandelt haben. Dass es sich um einen Tempel des Baal Schamem gehandelt habe, ist nicht nachzuweisen.

80 Delcor 1971: 246; Haag 1993: 81.

81 Hengel 1973: 518.521.547.

82 Koch et al. 1980: 139.

nennen, von einem (heidnischen) Altar auf dem offiziellen Altar des Jerusalemer Tempels und von Schweineopfern sprechen, die auf diesem neuen Altar dargebracht wurden. Die ganzen Massnahmen des Antiochus zielen auf eine Änderung ritueller Praktiken und nicht auf einen neuen Gott.

Abgesehen davon, dass Wortspiele und deren Entschlüsselung unter Philologen als besonders geistreich gelten, dürfte ein ideologisch-theologischer Grund beim Festhalten an der Deutung von *šiqquṣ (m^e)šomem* auf Baʿal Šamem keine geringe Rolle gespielt haben. Nachdem die makkabäischen Brüder (2 Makk 7) einmal als Protomärtyrer in den christlichen Kanon aufgenommen und Antiochus IV. mit Nero und anderen exemplarischen Christenverfolgern in eine Perspektive gestellt worden war[83], wurden die Schweineopfer und der Verzehr von Schweinefleisch als Grund für das Martyrium problematisch. Das Christentum hatte mit diesem Tier ja kein Problem. Der einzige würdige Grund, das Martyrium auf sich zu nehmen, war der Zwang, eine andere Grösse als den einzigen Gott göttlich zu verehren. Dafür zu sterben lohnte sich. Darin waren Juden und Christen sich einig. Für die Christen und Christinnen hatten die väterlichen Bräuche und Gesetze, für die die makkabäischen Märtyrer starben, ihre Bedeutung verloren. So griff man jeden auch noch so fragwürdigen Hinweis auf einen fremden Gott gierig auf und ignorierte oder bagatellisierte die eindeutigen Zeugnisse, die zeigten, dass es um eine Änderung des Ritus und nicht um mehr ging.

9. Die Zwangsreform wollte alte Kultpraktiken restaurieren, nicht einen neuen Gott einführen

Der Greuel, der Entsetzen hervorruft, meint jenen Altaraufbau und die Schweineopfer, die man zehn Tage nach seiner Errichtung und nachher wiederholt darauf dargebracht hat und die nach dem Danielbuch im Gegensatz zu den regulären Opfern standen. Das Opfern von Schweinen (1 Makk 1,47) und das Verzehren von Schweinefleisch spielt in der makkabäischen Verfolgung eine ganz zentrale Rolle. Die makkabäischen Märtyrer starben nicht, weil sie keiner anderen Gottheit als

83 Schötz 1961: Sp. 1319 (mit Lit.).

JHWH dienen wollten, sondern weil sie sich weigerten, Schweinefleisch zu essen (2 Makk 6,18; 7,1; vgl. 1 Makk 1,63). In diese Richtung weisen auch die ältesten expliziten Aussagen zum «Greuel der Verwüstung» (vgl. oben Abschnitt 8). Die jüdische Abstinenz von Schweinefleisch hat die Phantasie von Judenfeinden aller Art immer ganz besonders angeregt.[84]

Mit dem Zwang, Schweine zu opfern und Schweinefleisch zu essen, mögen Antiochus und sein Beauftragter ein doppeltes Ziel verfolgt haben. Einerseits wollten sie die Juden Jerusalems mit dieser verhassten Praxis bestrafen; andererseits wollten sie die für die aufgeklärte Judaismusbetrachtung des Hellenismus, wie sie erstmals ausführlich von Strabo vorgetragen wird (vgl. oben Abschnitt 7), sekundäre, von abergläubischen und minderen Nachfolgern des aufgeklärten Mose eingeführte und eine Depravation des mosaischen Judentums darstellende Unterscheidung zwischen reinen und unreinen Tieren, für die das Schwein als *pars pro toto* stand, rückgängig machen. In diesem Zusammenhang ist zu beachten, dass Schweine in der griechisch-römischen Welt nicht nur chthonischen Gottheiten wie Demeter oder Osiris-Dionysos geopfert wurden, sondern Schweineopfer auch bei Verträgen und Lustrationen aller Art eine Rolle spielten. In diesem Sinne war das Schweineopfer auch in das feierlichste aller römischen Opfer, in die *suovetaurilia* oder *solitaurilia* integriert, wie der Name sagt.[85]

Zu beachten ist auch, dass diese Massnahme wohl selbst den Reformern zu weit gegangen ist, denn sie greift tiefer in emotionale Bereiche des religiösen ein als die *interpretatio graeca* einer hebräischen Gottesbezeichnung.

Zu den Depravationen des Judentums gehörten nach dieser hellenistischen Sicht auch die Verstümmelung der Vorhaut, die Beschneidung.[86] Die Beschneidung war etwas vom ersten, was reformorientierte Juden rückgängig zu machen suchten, weil sie sich im Gymnasium ihrer schämten (vgl. 1 Makk 1, 14f).

Ein drittes Ziel der Attacken des Antiochus und seiner Beauftragten waren die heiligen Zeiten, besonders der Sabbat. Auch diese Eigenheit

84 Schäfer 1997: 66-81; für das Spätmittelalter und die frühe Neuzeit vgl. das Motiv der «Judensau» (Schreckenberg 1996: 343-349).

85 Krause 1931: Sp. 252-255 und 264-267.

86 Schäfer 1997: 93-105.

wurde vom Hellenismus weitgehend als Schikane empfunden, die die Juden von der übrigen Menschheit künstlich trennen sollte.[87]

Alle drei Charakteristika, die Unterscheidung der Speisen, die Beschneidung und der Sabbat, sind später unter anderen Umständen, aber aus nicht ganz anderen Gründen, vom jungen Christentum fallengelassen worden.[88]

Dass Antiochus diese Massnahmen nicht überall für sein Reich, sondern nur territorial für Jerusalem anordnete, ist wohl einerseits mit dem Strafcharakter zu erklären, den diese Massnahmen gleichzeitig hatten, und die Strafe sollte nur die aufständischen Jerusalemer und Jerusalemerinnen treffen. Andererseits aber mochten Antiochus und seine Beamten damit spekulieren, dass die «Reform» des Zentrums nicht ohne Wirkung auf die Peripherie bleiben würde.

Das für die Massnahmen des Antiochus hier postulierte Konzept eines gereinigten Judentums erklärt fast alle konkreten Massnahmen, die im Zusammenhang mit der «Religionsverfolgung» in Dan und 1 und 2 Makk erwähnt werden. Das vage und generelle «Opfern vor Götzenbildern (εἰδώλοις)» und die «(heidnischen) Altäre, Temenoi und Götzenbilder (εἰδώλια)» in 1 Makk 1,43 und 47 gehen auf das Konto von 1 Makk, das den Gegensatz von Heiden, die Götzen verehren, und Juden, die keine Götzen verehren, extrem kultiviert (vgl. 1 Makk 3,48; 10,83f; 13,47). Abfall vom Judentum bedeutet für 1 Makk unweigerlich Götzendienst. Da dieser Zug in den anderen Quellen nicht erwähnt wird, dürfte er ebenso fiktiv sein, wie die von 1 Makk behauptete Vereinheitlichung der Religion im Reiche Antiochus' IV. (vgl. oben Abschnitt 3).

10. Das Problem der dionysischen Elemente

Die einzigen konkreten Züge der Zwangsreform, die das oben dargelegte Konzept nicht zu erklären scheint, sind die Hetären bzw. erotischen Belustigungen im Tempelbereich (2 Makk 6,4) und der Zwang, sich an den Dionysien mit Efeu zu bekränzen und in den Prozessionen mitzugehen (2 Makk 6,4.7). Wird hier nicht, mindestens von 2 Makk, der Kult eines fremden Gottes, nämlich der des Dionysos, urgiert? In diesem

87 Schäfer 1997: 82-92.

88 Vgl. z. B. Röm 2,25-29; 1 Kor 7,18f; Mt 12,8; Kol 2,16.

Zusammenhang ist an eine Stelle bei Tacitus (55/56–ca. 120 n. Chr.) zu erinnern, der sagt: «Weil aber ihre Priester gelegentlich mit Flöten und Pauken Musik machten, sich mit Efeu bekränzten, auch ein goldener Rebstock sich im Tempel fand, so glaubten einige an eine Verehrung (scil. bei den Juden) des Pater Liber (der schon sehr früh mit Dionysos identifiziert worden ist). ... Dazu aber wollen die Bräuche nicht passen; denn die von dem Gott Liber eingeführten Zeremonien sind festlich und fröhlich, die Art der Juden aber abgeschmackt und schäbig.»[89] Die letzte Bemerkung ist reiner Judenhass.

Die positiven Bemerkungen dürfte Tacitus aus Plutarch (45–120 n. Chr.) bezogen haben.[90] Als Spuren eines ursprünglich dionysischen Kults bei den Juden werden das Laubhüttenfest mit der Prozession genannt, bei der der Lulav, der Feststrauss, getragen wird (Lev 23,40; vgl. Ps 118,27). Plutarch identifiziert ihn mit dem θύρσος, dem Feststrauss, den die Teilnehmer und Teilnehmerinnen bei den Dionysoskulten tragen. Auf einen ursprünglichen Dionysoskult würde auch die zentrale Rolle des Weinbechers bei den häuslichen Sabbatfeiern hinweisen. Ein dionysisches Element seien weiter die Glöcklein am Ornat des Hohenpriesters (Ex 28,33-35; 39,25f).

Ein römischer Denar aus dem Jahre 54 v. Chr. zeigt auf der Vorderseite einen mit Mauerkrone versehenen Frauenkopf, auf der Rückseite vor einem stehenden Kamel einen knienden bärtigen Mann, der einen Palmzweig emporstreckt (**Abb. 2**)[91]. Die Ikonographie ist die gleiche wie die auf einem Denar aus dem Jahre 58 v. Chr., wo der Kniende als REX ARETAS identifiziert ist. Es handelt sich um den Nabatäerkönig Aretas III., der Johannes Hyrkan II. unterstützt hat und von Marcus Scaurus, dem General des Pompeius, geschlagen wurde. Die zuerst genannte Münze von Abb. 2 bezeichnet den Mann als BACCHIUS IUDAEUS. Historisch muss es sich um Aristobul II. handeln, den letzten, von Pompeius 63 v. Chr. besiegten Hasmonäerkönig. BACCHIUS heisst «Bacchusanhänger». Die Münze ist wohl ein weiteres Zeugnis dafür, dass manche Vertreter der griechisch-römischen Welt die jüdische Religion als Bacchusreligion zu verstehen versuchten.

---

89 Historien 5,5; Stern 1980: Nr. 281.

90 Quaestiones convivales IV, 6.1 = Stern 1974: Nr. 258.

91 Das hier abgebildete Stück befindet sich in den Sammlungen des Departements für Biblische Studien der Universität Freiburg/Schweiz, Inventar-Nr. N. 1998.15; vgl. zum Münztyp Hendin 1996: 205.

Ein anderer Kanal, der JHWH dionysische Züge zuführte, ist die Identifikation JHWHs mit dem phrygisch-thrakischen Gott der Vegetation Sabazios. An Sabazios erinnerte natürlich das jüdische JHWH Sabaoth.[92] Sabazios trug dionysische Züge. Die Vermutung, Antiochus bzw. sein Reformbeauftragter hätten auch bei der Einführung dionysischer Elemente in den Jerusalemer Kult geglaubt, ein altes Element des JHWH-Kults neu zu beleben und nicht einen neuen Kult einzuführen, ist also nicht aus der Luft gegriffen. Fraglich bleibt allerdings, ob diese einzig von 2 Makk berichteten Züge historisch sind.

Ausklang

Im übrigen scheine die Verfolgung, so meint Bickermann[93], nicht allzu viele Opfer gekostet zu haben. Von den stark legendenhaft geprägten Märtyrergeschichten in 2 Makk 6 und 7 abgesehen, berichten 2 Makk und 1 Makk die Geschichte von den zwei Frauen, die mit ihren beschnittenen Säuglingen hingerichtet wurden. Aus den «zwei Frauen» von 2 Makk 6,10 wird in 1 Makk 1,60f generell «Frauen», die ihre Kinder haben beschneiden lassen. Die andere konkrete Geschichte ist die von der Gruppe, die in einer Höhle den Sabbat begeht und sich lieber ausräuchern lässt, als sich gegen die seleukidischen Truppen zu wehren (1 Makk 2,29-38; 2 Makk 6,11).

Die Samaritaner, für die ein ähnliches Edikt gelten sollte, haben erfolgreich dagegen opponiert. Antiochus hat ihrem Begehren stattgegeben.[94] Sie können den Sabbat etc. weiterhin befolgen, da sie mit der Rebellion der Juden nichts zu tun haben.

In Judäa scheinen, wie gesagt (siehe Schluss von Abschnitt 3), auch manchen Hellenisten die Verfügungen des Königs zu weit gegangen zu sein. Mattatias und seine Söhne organisierten den gewalttätigen Widerstand, der sich zuerst primär gegen die reformfreudigen Juden richtete (vgl. den vierten Beitrag in diesem Band).

Kurz vor der Wiedereinweihung des Brandopferaltars im Dezember 164 war Antiochus IV. in der Persis gestorben. Am 8. 2. 163 erreichte die Juden ein Brief Antiochus' V., des Nachfolgers Antiochus' IV.,

92 Stern 1974: 560 und Nr. 147.

93 Bickermann 1937: 81.

94 Antiquitates 12,258-264.

das in 2 Makk 11,22-26 erhaltene Dokument. Der entscheidende Passus sagt, dass Antiochus V. beschlossen habe, dass ihnen das Heiligtum zurückgegeben werde und sie die Erlaubnis erhalten, nach den Bräuchen ihrer Vorfahren zu leben. Damit meinte Antiochus den Grund zur Rebellion eindeutig beseitigt und den Frieden wieder hergestellt zu haben. Wenn der Kampf weiterging, dann hauptsächlich deswegen, weil die Hasmonäer inzwischen ein unabhängiges Herrschaftsgebiet wollten und ihnen die Zusicherung der ungestörten Ausübung der traditionellen Religion nicht mehr genügte.

Abb. 1 (S. 108)

Abb. 2 (S. 115)

Zitierte Literatur

Arenhoevel D., 1967, Die Theokratie nach dem 1. und 2. Makkabäerbuch, Mainz.

Attridge H. W./Oden R. A., 1981, Philo of Byblos, The Phoenician History. Introduction, Critical Text, Translation, Notes (Catholic Biblical Quarterly Monograph Series 9), Washington.

Bentzen A., 1952, Daniel (Handbuch zum Alten Testament 1/19), Tübingen.

Bickermann E. J., 1937, Der Gott der Makkabäer. Untersuchungen über Sinn und Ursprung der makkabäischen Erhebung, Berlin.

Bieberstein K./Bloedhorn H., 1994, Jerusalem. Grundzüge der Baugeschichte vom Chalkolithikum bis zur Frühzeit der osmanischen Herrschaft, 3 Bde. (Beihefte zum Tübinger Atlas des Vorderen Orients Reihe B, Nr. 100,1-3), Wiesbaden.

Blum E., 1997, Der «Schiqquz Schomem» und die Jehud-Drachme BMC Palestine S. 181, Nr. 29: Biblische Notizen 90, 13-27.

Bonnet C., 1992, Baal-Shamêm, in: E. Lipiński, Hrsg., Dictionnaire de la civilisation phénicienne et punique, Brepols, 61f.

Borger R., 1983, Assyrische Staatsverträge, in: O. Kaiser et al., Hrsg., Texte aus der Umwelt des Alten Testaments Bd. 1, Lieferung 2. Staatsverträge, Gütersloh, 155-177.

Bringmann K., 1983, Hellenistische Reform und Religionsverfolgung in Judäa. Eine Untersuchung zur jüdisch-hellenistischen Geschichte (175–163 v. Chr.) (Abhandlungen der Akademie der Wissenschaften Göttingen. Philologisch-Historische Klasse, Folge 3, 132), Göttingen.

Burnier-Genton J., 1993, Le rêve subversif d'un sage. Daniel 7, Genève.

Collart P., 1986, Baalshamin, in: J. Ch. Balty/E. Berger/J. Boardman et al., Lexicon Iconographicum Mythologiae Classicae III/1, Zürich-München, 75-78.

Collins J. J., 1993, Daniel (Hermeneia – A Critical and Historical Commentary on the Bible), Minneapolis.

Delcor M., 1971, Le livre de Daniel, Paris.

Engel H., 1998, Die Bücher der Makkabäer, in: E. Zenger et al., Einleitung in das Alte Testament, 3. Auflage, Stuttgart, 275-290.

Eissfeldt O., 1939, Baʿalšamēm und Jahwe: Zeitschrift für die Alttestamentliche Wissenschaft 57 (1939) 1-31 = Ders., 1963, Kleine Schriften II, Tübingen, 171-198.

Fischer T., 1980, Seleukiden und Makkabäer. Beiträge zur Seleukidengeschichte und zu den politischen Ereignissen in Judäa während der 1. Hälfte des 2. Jahrhunderts v. Chr., Bochum.

Freedman D. N./Welch J. W., 1994, *šiqquṣ*, in: H.-J. Fabry/H. Ringgren, Hrsg., Theologisches Wörterbuch zum Alten Testament VIII, Stuttgart, 461-465.

Görg M., 1991, Antiochus, in: M. Görg/B. Lang, Hrsg., Neues Bibel-Lexikon I, Zürich, 116-117.

Goldstein J. A., 1976, I Maccabees (The Anchor Bible), Garden City, New York.

— 1983, II Maccabees (The Anchor Bible), Garden City, New York.

Grabbe L.L., 1991, Maccabean Chronology: 167-164 or 168-165 BCE: Journal of Biblical Literature 110, 59-74.

— 1994, Judaism from Cyrus to Hadrian, London.

— 1997, The Seventy Weeks Prophecy (Dan 9,24-27) in Early Jewish Interpretation, in: C. A. Evans/Sh. Talmon, eds., The Quest for Context and Meaning. FS J. A. Sanders (Biblical Interpretation Series 28), Leiden, 595-611.

Haag E., 1993, Daniel (Die Neue Echter Bibel), Würzburg.

Habicht Ch., 1976, 2. Makkabäerbuch (Jüdische Schriften aus Hellenistisch-römischer Zeit I/3), Gütersloh.

— 1989, The Seleucids and their Rivals, in: A. E. Astin et al., eds., The Cambridge Ancient History. Second Edition. VIII. Rome and the Mediterranean to 133 B. C., Cambridge, 324-387.

HAL = W. Baumgartner/J. J. Stamm/B. Hartmann, Hebräisches und aramäisches Lexikon zum Alten Testament, I-V, Leiden 1967, 1974, 1983, 1990, 1995.

Hartman L. F./Di Lella A. A., 1978, The Book of Daniel (The Anchor Bible), Garden City, New York.

Hatch E./Redpath H. A., 1897, A Concordance to the Septuagint and the other Greek Versions of the Old Testament, Oxford, Nachdruck Graz 1954.

Hendin D., [3]1996, Guide to Biblical Coins, New York.

Hengel M., 1973, Judentum und Hellenismus. Studien zu ihrer Begegnung unter besonderer Berücksichtigung Palästinas bis zur Mitte des 2. Jh. v. Chr. (Wissenschaftliche Untersuchungen zum Neuen Testament 10), 2. Aufl., Tübingen.

— 1999, Jerusalem als jüdische und hellenistische Stadt, in: M. Hengel, Judaica, Hellenistica et Christiana. Kleine Schriften II (Wissenschaftliche Untersuchungen zum Neuen Testament 109), Tübingen, 115-132.

Keel O., 1977, Jahwe-Visionen und Siegelkunst. Eine neue Deutung der Majestätsschilderungen in Jes 6, Ez 1 und 10 und Sach 4 (Stuttgarter Bibelstudien 84/85), Stuttgart.

Koch K./Niewisch T./Tubach J., 1980, Das Buch Daniel (Erträge der Forschung 144), Darmstadt.

Krause M., Hostia, in: W. Kroll, Hrsg., Paulys Realencyclopädie der classischen Altertumswissenschaft. Supplementband V, München 1931, Sp. 236-282.

Levine L. I., 1999, Second Temple Jerusalem: A Jewish City in the Greco-Roman Orbit, in: L. I. Levine, ed., Jerusalem. Its Sanctity and Centrality to Judaism, Christianity, and Islam, New York, 53-68.

Lust J., 1993, Cult and Sacrifice in Daniel. The Tamid and the Abomination of Desolation, in: J. Quaegebeur, ed., Ritual and Sacrifice in the Ancient Near East (Orientalia Lovaniensia Analecta 55), 283-299.

Meyer I., 1994, *šāmam*, in: H.-J. Fabry/H. Ringgren, Hrsg., Theologisches Wörterbuch zum Alten Testament VIII, Stuttgart, 241-251.

Michel O./Bauernfeind O., 1960, Flavius Josephus. De Bello Judaico. Der Jüdische Krieg. Zweisprachige Ausgabe der Sieben Bücher, Bad Homburg vor der Höhe.

Mørkholm O., 1966, Antiochus IV of Syria (Classica et Mediaevalia, Dissertationes 8), Copenhagen.

Nestle E., 1884, Zu Daniel: Zeitschrift für die alttestamentliche Wissenschaft 4, 247f.

Niehr H., 1998, Das Buch Daniel, in: E. Zenger et al., Einleitung in das Alte Testament, 3. Auflage, Stuttgart, 458-467.

Schäfer P., 1997, Judeophobia. Attitudes toward the Jews in the Ancient World, Cambridge, Mass.

Schötz D., 1961, Makkabäische Brüder, in: J. Höfer/K. Rahner, Hrsg., Lexikon für Theologie und Kirche, 2. Aufl., Bd. VI, Freiburg i. Br., Sp. 1319.

Schreckenberg H., 1996, Die Juden in der Kunst Europas. Ein historischer Bildatlas, Göttingen-Freiburg i. Br.

Schürer E., 1901, 1907, 1909, Geschichte des jüdischen Volkes im Zeitalter Jesu Christi, 3 Bde, Leipzig, Nachdr. Hildesheim 1970 = The History of the Jewish People in the Age of Jesus Christ (175 B.C.–A.D. 135). A New English Version Revised and Edited by G. Vermes / F. Millar, 3 vols., Edinburgh 1973-1986.

Scurlock J., 2000, 167 BCE: Hellenism or Reform?: Journal for the Study of Judaism in the Persian, Hellenistic, and Roman Period 31, 125-161.

Seebass H., 1989, *pāšaʿ*, in: H.-J. Fabry/H. Ringgren, Hrsg., Theologisches Wörterbuch zum Alten Testament VI, Stuttgart, 791-810.

Stern M., 1974, 1980, 1984, Greek and Latin Authors on Jews and Judaism. Edited with Introduction, Translations and Commentary (Fontes ad Res Judaicas Spectantes 1-3), 3 vols., Jerusalem.

Tcherikover V., 1959, Hellenistic Civilization and the Jews, New York (viele Nachdrucke).

Volkmann H., 1975, Antiochos, in: K. Ziegler / W. Sontheimer, Hrsg., Der kleine Pauly. Lexikon der Antike in fünf Bänden I, München 1975, Sp. 387-392.

Whitehorne J., 1992, Antiochus, in: D. N. Freedman, The Anchor Bible Dictionary. Vol. I, New York, 269-272.

IV

Othmar Keel

1 Makk 2 – Rechtfertigung, Programm und Denkmal für die Erhebung der Hasmonäer

Eine Skizze*

---

* Dieser Text entstand im Zusammenhang mit der Arbeit an M. Küchler/O. Keel, «Orte und Landschaften der Bibel. Ein Handbuch und Studienreiseführer zum Heiligen Land. Band 4: Jerusalem». Dieser soll 2001 erscheinen. Der Text ist hier erstmals veröffentlicht.

Gliederung des Kapitels

Das erste Makkabäerbuch enthält die offizielle Darstellung der Ereignisse im Sinne der Hasmonäerdynastie. Das Kapitel 1 Makk 2 formuliert – weitgehend in poetischer Sprache – die Ideologie der Bewegung. Inhaltlich gliedert sich das Kapitel wie folgt:

V. 1-5	feierliche Nennung der Protagonisten
V. 7-13	ein Gedicht im Stil der Volksklage, gerahmt von V. 6 und 14
V. 15-28	Verführung bzw. Zwang zur Apostasie und Widerstand des Mattatias. Anfang der Auflehnung
V. 29-38	Der gewaltlose Widerstand (Weigerung, am Sabbat zu kämpfen) weiht jene, die Recht und Gerechtigkeit suchen, dem Untergang
V. 39-41	Beschluss der Hasmonäer, auch am Sabbat zu kämpfen
V. 42-48	Bildung einer schlagkräftigen Truppe und Kampf gegen die abtrünnigen Juden
V. 49-68	Testament des Mattatias mit der Aufforderung, mutig für das Gesetz zu kämpfen
V. 69	Tod des Mattatias

Kommentar zu den einzelnen Abschnitten

Wie viele altorientalische Dynastien behauptet auch die hasmonäische, dem Chaos ein Ende gemacht, den Urheber des Chaos besiegt und die Ordnung wiederhergestellt zu haben.

In 1 Makk 2,**1-5** wird als Protagonist zuerst Mattatias, der Sohn des Johanan, Sohn des Simeon, genannt. Josephus fügt noch ein weiteres Glied, den angeblichen Urgrossvater, hinzu: Ḥašmonai, gräzisiert Ασαμοωναῖος (Antiquitates 12,265; Bellum 1,36). Ḥašmonai fehlt in 1 Makk. Wahrscheinlich war es (ähnlich wie Maqqabai) ursprünglich ein Beiname des Mattatias.[1] Nach ihm heisst die Bewegung und später die Dynastie die der Hasmonäer. Mattatias soll ein Priester aus dem Ge-

1 Goldstein 1976: 17-19.

schlecht des Jojarib gewesen sein (Neh 11,10; 12,6.19), der eigentlich aus Jerusalem stammte, jetzt aber in Modeïn, 10 km osö von Lydda/ Lod lebte. Anschliessend an den Dynastiegründer werden seine fünf Söhne, alle mit Beinamen, aufgezählt.

Die Klage V. **6-14** über die Zerstörung der Heiligen Stadt und die Verwüstung des Heiligtums, die das Leben sinnlos machen, erinnert an Ps 74 und ähnliche Volksgebete, nur dass es sich hier um reine Klage handelt. Die Wende wird nicht von Gott erfleht, sondern kommt von den Hasmonäern.

V. **15-28** erzählt, wie königliche Beamte nach Modeïn kamen und Mattatias und seine Familie zum Opfer im Sinne des Königs überreden wollten. Mattatias aber entschied sich gegen den König und für den angestammten Kult (1 Makk 2,22). Er soll zuerst einen opferwilligen Juden und dann den Gesandten des Königs getötet haben, der in Bellum 1,36 Bakchides, in Antiquitates 12,270 Apelles heisst. Die Reihenfolge: abtrünniger Jude–seleukidischer Beamter gibt die Stossrichtung der Bewegung an, die sich zuerst gegen hellenisierte Juden und dann gegen die Seleukiden richtete.

Die Episode wird bis heute – auch von der kritischen Geschichtsschreibung – als historisch rezipiert.[2]. Nur ausnahmsweise werden Zweifel an der Historizität angemeldet. Eine dieser Ausnahmen ist Lester L. Grabbe. Er schreibt: «The story is widely repeated and may be true[3], but there are problems with it.[4] 2 Maccabees ignores Mattathias to focus on Judas. Although leadership may not have gone to the eldest son, chances are that it would have. So is it likely that Judas was only the third son? ... The story as it stands has elements suggestive of romantic coloration (e. g. the Phineas-like act of Mattathias). Whatever its precise origins, the Jewish resistance under Judas and his brothers took some time to get under way. Whether others joined them, as 1

2 Hengel 1961: 156; Goldstein 1976: 164 (vgl. den Titel auf S. 161: «What really happened»); Schäfer 1977: 585; Schäfer 1983: 62 «im wesentlichen aber historischen Bericht»; Bar-Kochva 1989: 196-199; Donner 1995: 483; Weber 1995: 689.

3 Er verweist auf Bar-Kochva 1989: 196-199.

4 Er verweist auf Sievers 1990: 29-37, ein Werk, das mir leider nicht zugänglich war.

Maccabees alleges, or whether it was they who joined others is a moot point.[5] The first actions seem to have been against 'apostate' Jews (1 Macc 2:44-48; 3:8). The village of Modein served as the center of operations[6].»[7]

Ich halte die in 1 Makk 2,15-28 erzählte Episode für unhistorisch. Sie ist hauptsächlich mit Hilfe biblischer Texte und Reminiszenzen konstruiert und dient dazu, einen problematischen Aspekt der hasmonäischen Herrschaft zu rechtfertigen, nämlich ihre Übernahme des Hohenpriesteramtes. Die Gründe für diese Annahme:

a. Es gab keine Anordnung Antiochus' IV., die zum Ziel hatte, alle Völker zum Abfall (ἀποστασία) von der angestammten Religion zu bewegen, wie 2,15 und 19 suggerieren.[8]
b. In 1 Makk 2,15.23-25 ist von einem Altar (βωμός) und von Opfern (θυσιάζω) die Rede. Man erfährt aber nicht, welcher Gottheit was geopfert werden soll. In keiner anderen Quelle ausser 1 Makk ist von Opfern die Rede, die in irgendwelchen Landstädten gefordert wurden. Die Eingriffe Antiochus' IV. beschränkten sich anscheinend weitestgehend auf den Tempelkult in Jerusalem. Ein Altar in Modeïn ist gleicherweise unwahrscheinlich wie die Verpflichtung, darauf zu opfern. Die vage, ohne konkrete Details geschilderte Massnahme ist eine Fiktion, die die Szenerie für den «Pinhas-Auftritt» des Mattatias liefert. Sie ist ebenso fiktiv wie der allgemeine Zwang zur Apostasie. Historisch könnte einzig sein, dass sich die Widerstandsbewegung auf dem Land formierte.
c. Der spektakuläre Beginn der Erhebung, wie er in 1 Makk 2,15-28 geschildert wird, steht im Gegensatz zum wenig spektakulären Anfang, wie ihn 2 Makk 5,27 darstellt: «Judas aber, mit dem Beinamen der Makkabäer, schloss sich mit neun Gefährten zusammen und zog sich in die Wüste zurück. Er lebte mit seinen Leuten in den Bergen wie die Tiere.» Dieser Rückzug in die «Wüste» situiert 2 Makk im Anschluss an die Unterdrückungsmassnahmen vor der eigentlichen Religionsverfolgung.

5 Er verweist auf Sievers 1990: 34.
6 Er verweist auf Bar-Kochva 1989: 194-199.
7 Grabbe 1994: 285.
8 Vgl. oben Beitrag III in diesem Band, besonders die Abschnitte 3-4.

d. Von Mattatias wird ausser dem denkmalartigen Akt in 1 Makk 2,24f keine einzige Aktivität berichtet. Dafür werden ihm in V. 19-22 und 49-68 zwei Grundsatzreden in den Mund gelegt, in denen das Programm der Bewegung festgelegt und die problematischen Positionen gerechtfertigt werden. Mattatias ist historisch nicht fassbar, als Vater der hasmonäischen Herrscher dafür umso eindrücklicher.

Die V. 15-28 berichten nicht historische Ereignisse, sondern haben die Aufgabe, zwei Positionen der hasmonäischen Bewegung zu rechtfertigen, die zu traditionellen Auffassungen in Gegensatz standen:

1. In V. 17-22 wird die Treue gegen den seleukidischen Oberherrn als Alternative zur Treue gegenüber der traditionellen Religion und zur Treue gegenüber der Tora formuliert und der Entschluss proklamiert: «Wir gehorchen den Befehlen des Königs nicht, und wir weichen weder nach rechts noch nach links von unserer Religion (λατρείαν) ab». Mit dem «weder nach rechts noch nach links» wird wohl auf Dtn 17,11 angespielt, wo gesagt wird, man soll sich an den Wortlaut der Weisung der levitischen Priester halten. «Von dem Spruch, den sie dir verkünden, sollst du weder rechts noch links abweichen.»

Seitdem Jeremias gefordert hatte, das Joch Nebukadnezzars zu tragen, weil die jeweilige Weltherrschaft von Gott legitimiert sei (Jer 27 und 28), seit Ezechiel die Judäer kritisiert hatte, weil sie die Verpflichtungen, die sie gegenüber dem König von Babel eingegangen waren, nicht erfüllt hatten (Ez 17), und seitdem diese Propheten die Katastrophe der Zerstörung Jerusalems und des Tempels im Jahre 587 v. Chr. auf die Rebellion gegen den von Gott für eine gewisse Zeit eingesetzten Weltherrscher zurückgeführt hatten, war es in Juda Gebot, sich der jeweiligen Weltmacht zu unterwerfen. Das hatte sich unter den Persern, den Ptolemäern und am Anfang auch unter den Seleukiden bewährt. 2 Makk hält an dieser Position so weit wie nur möglich fest. Die erste Rede des Mattatias in 1 Makk verwirft diese Position radikal. An die Stelle der Verpflichtung, sich Gott zu unterwerfen, indem man sich dem jeweiligen Weltherrscher unterwirft, setzt er die Alternative, entweder dem König oder Gott zu gehorchen. V. 51-63 führt diese Position weiter aus, indem unterstrichen wird, dass Herrschaft allein von der Treue zur Tora abhänge.

2. 1 Makk 2 rechtfertigt eine andere höchst problematische Position der Hasmonäer, ihre Annahme der Hohepriesterwürde. Vorbild und

Quelle für den heroischen Akt des Mattatias scheint die Geschichte vom Eifer des Pinhas in Num 25,6-15 gewesen zu sein, auf die in V. 26 explizit hingewiesen wird. Diese Pinhas-Erzählung ist die priesterschriftliche Version einer älteren Erzählung, die von Unzucht und Götzendienst der Israeliten mit Moabiterinnen in Baal-Pegor erzählt (Num 25,1-5). Nach der jüngeren Version erstach Pinhas, ein Enkel Aarons, in Baal-Pegor einen Israeliten samt seiner Partnerin, einer Midianiterin, weil diese vor dcn Augen Moses und der ganzen Gemeinde eine Art Mischehe eingegangen waren. Nach Num 25,11 hatte Pinhas durch sein Eifern (*$b^{e}qann^{e}$ʾo*) dem Eifer (*qinaʾh*) JHWHs Einhalt geboten und den Zorn besänftigt (*ḥema*; vgl. *$ḥ^{a}$ron ʾaf* in Num 25,4), der damals wie jetzt (1 Makk 1,64) auf Israel lag. Dafür wird Pinhas in Num 25,13 die Verheissung ewiger Priesterschaft zuteil, «weil er für Gott geeifert und Israel entsühnt hat». In der Abschiedsrede des Mattatias (1 Makk 2,52-60) wird in V 54 Pinhas unter einer ganzen Reihe vorbildlicher Gestalten der israelitischen Geschichte nochmals besonders hervorgehoben: «Pinhas, unser Ahnherr im Eifern (ὁ πατὴρ ἡμῶν ἐν τῷ ζηλῶσαι ζῆλον) empfing den Bund ewigen Priestertums.»[9] Die Hasmonäer rechtfertigten so die Übernahme des Hohenpriesteramtes, das ihnen als Nicht-Zadokiden eigentlich nicht zustand (vgl. Ez 40,46; 44,15; 48,11). Es wurde immer wieder angefochten, besonders von den Pharisäern[10], aber nicht nur von ihnen.[11]

1 Makk gipfelt in der Herrschaft Simeons (1 Makk 12,53-16,24). Adrian Schenker hat im einzelnen nachgewiesen, dass 1 Makk Simeon konsequent als *Salomo redivivus* stilisiert. Von dieser Tendenz her ist auch die zweimalige Einsetzung zum Hohenpriester zu verstehen, zuerst durch einen seleukidischen König (vgl. 1 Makk 13,36.38) und dann am 13. Sept. 140 v. Chr. durch die grosse Versammlung des Volkes und seiner Führer. Ähnlich wurden schon Salomo und Zadok nach 1 Chr 29,22 zum zweiten Mal durch das Volk zum König bzw. zum Hohenpriester gesalbt.[12] Seit David hatte der König den Oberpriester von Jerusalem eingesetzt, und von den judäischen Königen hatten die persischen, ptolemäischen und seleukidischen Könige dieses Recht übernommen. 1 Makk war sich der Problematik bewusst, diese Ämter

---

9 Zur Stilisierung Mattatias' als Pinhas vgl. Goldstein 1976: 5-17.

10 Vgl. Antiquitates 13,288-298.

11 Vgl. Antiquitates 13,372-373.

12 Schenker 2000: 158-169.

in einer Person zu vereinigen und dazu noch in einer Person, die weder davididischer noch zadokidischer Abstammung war. Es versieht deshalb die Aussage: «Die Juden und ihre Priester beschlossen, Simeon solle für immer ihr Anführer und Hoherpriester sein (ἡγούμενον καὶ ἀρχιερέα εἰς τὸν αἰῶνα)» mit der Vorsichtsklausel «bis ein wahrer Prophet auftrete» (1 Makk 14,41; vgl. 4,46 und Dtn 18,18). Die grosse Versammlung approbierte das, und Simeon willigte ein, Hoherpriester, Befehlshaber (στρατηγός) und Fürst (ἐθνάρχης; Herrscher über ein Volk; über einem solchen war nur der König) zu werden. Die politische, die militärische und geistliche Gewalt waren so in seiner Person vereint. Das ganze Lob und die ganzen Bestimmungen, die in 1 Makk 14,27-47 referiert werden, wurden auf Bronzetafeln festgehalten, die auf dem Berg Zion im Vorhof des Tempels angebracht wurden (1 Makk 14,26.48).

Die ideologisch-theologische Basis für das problematische Hohepriestertum der Hasmonäer wird in 1 Makk 2 mit dem zweimaligen Hinweis auf Pinhas gelegt (V. 26 und besonders 54). Pinhas, der in V. 54 als Ahnherr der Makkabäer gefeiet wird, erhielt für seinen Eifer die Zusage ewigen Priestertums. Der Eifer des Mattatias hat diese Würde auch den Hasmonäern verschafft.

In V. **29-38** wird noch ein dritter Verstoss der angeblich traditionalistischen Hasmonäer gegen traditionelles Recht legitimiert, nämlich die Praxis, auch am Sabbat zu kämpfen.[13] Dazu wird ein in 2 Makk 6,11 nur kurz erwähntes Ereignis breit erzählt, die Geschichte vom Tod der Frommen, die vom seleukidischen Militär getötet wurden, weil sie sich weigerten, am Sabbat Widerstand zu leisten. 2 Makk 6,11 redet von einer unbestimmten Anzahl. Da im vorausgehenden Vers von zwei Frauen die Rede ist, denkt man an eine eher kleine Zahl. In 1 Makk 2,38 werden daraus etwa 1000 Menschen, die wehrlos getötet werden. Im Anschluss daran formulieren in den V. **39-41** Mattatias und seine Anhänger die Befürchtung, die Gerechten könnten innerhalb von kurzer Zeit ausgerottet werden und begründen die typisch makkabäische Halacha der Priorität des bewaffneten Kampfes gegenüber dem Sabbat.

13 Vgl. zu dieser Problematik Antiquitates 14,226; Bellum 4,99-103.

V. **42** berichtet den Anschluss der Hasidäer/Chasidaja an die hasmonäische Bewegung (vgl. auch 2 Makk 14,6). Impliziert wird, dass sie die neue makkabäische Halacha übernommen und theologisch legitimiert haben. Die Hasidäer müssen eine fest organisierte Gruppe gewesen sein. Dafür sprechen die Transkription des aramäischen Namens *ḥasidajja* ins Griechische (Ασιδαίοι) und ihre Bezeichnung als συναγωγή (1 Makk 2,42; 7,12). Während M. Hengel und O. Plöger dic Hasidäer als pietistische Unterschichtszirkel eingestuft hatten, interpretierte sie V. Tcherikover als um die Auslegung der Tora bemühte «Schreiber-Klasse», die unter Simeon II., dem Gerechten (um 200 v. Chr.), zu einer intellektuellen und theologischen Führungsgruppe aufstiegen.[14] Sie sind als Vorläufer der Pharisäer anzusprechen. Die ἰσχυροὶ δυνάμει ἀπὸ Ισραηλ in 1 Makk 2,42 sind mit den πρῶτοι in 1 Makk 7,13 zu identifizieren und als führende, dem Gesetz ergebene Bürger zu verstehen.[15] Die Zurechnung zur sozialen Oberschicht schliesst nach Albertz aber nicht aus, dass in ihren Kreisen die Verfasser des Danielbuches und des 1. Henoch zu suchen sind.[16] Sie dürften mit den «Verständigen im Volk, die viele zur Einsicht bringen» (Dan 11,33), gleichzusetzen sein.[17] Wie das Danielbuch dürften die Hasidäer die gewalttätige Rebellion nur als «kleine Hilfe» gesehen haben (Dan 11,34). Sie suchten, so schnell wie möglich mit den Seleukiden Frieden zu schliessen (1 Makk 7,12-18), was ihnen von Seiten der Makkabäer den Vorwurf der Naivität eintrug, denn diese wollten schnell mehr als nur freie Religionsausübung. Vorerst aber kämpften sie um diese.

Nach V. **43-44a** sammelte Judas Makkabäus bzw. Mattatias mit seinen fünf Söhnen, wie David in Adullam (1 Sam 22,1f), eine schlagkräftige Guerillatruppe um sich. Nach 2 Makk 8,1 waren es etwa 6000 Mann. V. **44b-48** charakterisieren diese Bewegung als extrem gewalttätig. 44b klingt wie ein biblisches Zitat. Im Alten Testament ist es aber sonst Gott, der in seinem Zorn die Gesetzlosen niederstreckt (Ps 64,8).

---

14 Vgl. zu dieser Diskussion mit ihren verschiedenen Positionen Albertz 1992: 598.

15 Kampen 1988.

16 Albertz 1992: 599.

17 Vgl. die «Heiligen» in Dan 7,8.18.21f.25.27 und die Interpretation von Peruschim/Pharisäer als «Heilige» in Siphra zu Lev 19,2 und 20,26; Mechilta des Rabbi Ischmael zu Ex 19,6).

Jetzt sind es Judas und seine Leute, die in nächtlichen Überfällen (vgl. 2 Makk 8,6f) reformfreundliche Juden und Nichtjuden terrorisieren und sie in religiös motivierten Säuberungsaktionen töten oder zwingen, in nichtjüdische Gebiete zu fliehen, unbeschnittene jüdische Kinder zwangsbeschneiden und Altäre (welche?) niederreissen (vgl. Ri 6,25-32). Von der Zwangsbeschneidung jüdischer Kinder ist es dann nur noch ein Schritt zur späteren Zwangsbeschneidung der Idumäer und Ituräer.[18] Interessant ist die Bemerkung in V. 48, sie hätten das Gesetz der Gewalt fremder Völker und Könige entrissen (ἀντελάβοντο τοῦ νόμου ἐκ χειρὸς τῶν ἐθνῶν καὶ τῶν βασιλέων). Heisst das, dass sie den Völkern und ihren Königen das «Gesetz des Handelns» oder, dass sie die Tora und deren Interpretation entrissen?

Der letzte Abschnitt, V. **49-69**, verrät schon durch seine Form, dass es in diesem Kapitel nicht um Ereignisse, sondern um Ideologie geht.

Kaum hat der Aufstand begonnen, wird dem sterbenden Mattatias wie einem Patriarchen (Gen 49) oder Dynastiegründer (2 Sam 23) eine lange Abschiedsrede in den Mund gelegt. Darin wird nicht die Heiligkeit Jerusalems beschworen (vgl. V. 6-12), sondern an den grossen Gestalten Israels demonstriert, wie Toratreue stets reichen Lohn gebracht habe: ewiges Priestertum, Richteramt, Königsthron. All dies steht seinen Söhnen zu, wenn sie sich kompromisslos für das Gesetz, die Tora, einsetzen. Nachdem Mattatias Simeon als Vater der Bewegung und Judas als Kommandanten der Truppe eingesetzt hat, legt ihm 1 Makk folgende Sätze in den Mund: «Schart alle um euch, die das Gesetz halten! Nehmt Rache für euer Volk! Zahlt es den (fremden) Völkern heim! Achtet auf das, was das Gesetz befiehlt!» (2,67f).

Der von 1 Makk 2 ins Zentrum gerückte Eifer für das Gesetz mag am Anfang der hasmonäischen Bewegung Bedeutung gehabt haben. Er trat in der Folgezeit zurück und wurde durch das Streben nach politischer Unabhängigkeit abgelöst. «Es ist daher nicht zufällig, wenn das Vorbild Pinhas' sowie die Begriffe ζῆλος und ζηλοῦν im weiteren Verlauf des ersten Makkabäerbuches nicht mehr auftauchen. Ähnlich ist es bei dem Begriff νόμος: In den ersten 4 Kapiteln erscheint er 19mal, in den folgenden 12 nur noch insgesamt 7mal».[19] 1 Makk 2 formuliert

18 Antiquitates 13,255-258; 13,318-319; Safrai 2000: 70-88 und 103*

19 Hengel 1961: 157 mit Anm. 8.

Rechtfertigung, Programm und Ideologie der hasmonäischen Bewegung, weniger ihre Praxis.

Die von den Hasmonäern propagierte Tradition vom Zorn Gottes, der durch zelotisches Eifern gestillt werden muss, verbunden mit der Überzeugung, dass Gott der einzige Herr sein muss, dem man sich unterwirft, hat dann aber in römischer Zeit in der Bewegung der Zeloten und Sikarier ein breites Echo gefunden und schliesslich mit der Zerstörung Jerusalems und des Tempels und der Vertreibung der Juden und Jüdinnen aus Judäa geendet. Das Neue Testament steht der zelotischen Bewegung im grossen ganzen ablehnend gegenüber (Jesus hat Gemeinschaft mit Zöllnern und Sündern; vgl. auch Joh 16,2; vgl. aber auch die Tempelreinigung, bes. Joh 2,16). Das galt später auch für das rabbinische Judentum.

Zitierte Literatur

Albertz R., 1992, Religionsgeschichte Israels in alttestamentlicher Zeit, Band 2 (Grundriss zum Alten Testament 8/2), Göttingen.

Bar-Kochva B., 1989, Judas Maccabaeus: The Jewish Struggle against the Seleucids, Cambridge.

Donner H., 1995, Geschichte des Volkes Israel und seiner Nachbarn in Grundzügen, Band 2 (Grundriss zum Alten Testament 4/2), Göttingen.

Goldstein J. A., 1976, I Maccabees (The Anchor Bible), Garden City, New York.

Grabbe L. L., 1994, Judaism from Cyrus to Hadrian, London.

Hengel M., 1961, Die Zeloten. Untersuchungen zur jüdischen Freiheitsbewegung in der Zeit von Herodes I. bis 70 n. Chr. (Arbeiten zur Geschichte des Spätjudentums und Urchristentums 1), Leiden.

Kampen J., 1988, The Hasideans and the Origin of Pharisaism. A Study in 1 and 2 Maccabees (Society of Biblical Literature. Septuagint and Cognate Studies 24), Atlanta.

Safrai Z., 2000, The Conversion of Newly Conquered Areas of Hasmonean Judea, in: J. Schwartz/Z. Amar/I. Ziffer, eds., Jerusalem and Eretz Israel. Arie Kindler Volume, Tel Aviv, 70-88 und 103*.

Schäfer P., 1977, The Hellenistic and Maccabaean Periods, in: J. H. Hayes/J. M. Miller, eds., Israelite and Judaean History, London.

— 1983, Geschichte der Juden in der Antike. Die Juden Palästinas von Alexander dem Grossen bis zur arabischen Eroberung, Stuttgart/Neukirchen.

Schenker A., 2000, Die zweimalige Einsetzung Simons des Makkabäers zum Hohenpriester, in: A. Schenker, Recht und Kult im Alten Testament. Achtzehn Studien (Orbis Biblicus et Orientalis 172), 158-169.

Sievers J., 1990, The Hasmoneans and Their Supporters: From Mattathias to the Death of John Hyrkanus I (South Florida Studies in the History of Judaism 6), Atlanta.

Weber R., 1995, Makkabäer, in: M. Görg/B. Lang, Hrsg., Neues Bibel-Lexikon II, Zürich-Düsseldorf, Sp. 688-690.

Bibelstellenregister

Die hochgerückten Ziffern verweisen auf Fussnoten; ein vorgestelltes + verweist auf die Seite *und* auf die Fussnote.

Sachregister

ORBIS BIBLICUS ET ORIENTALIS – Lieferbare Titel

Bd. 25/1a MICHAEL LATTKE: *Die Oden Salomos in ihrer Bedeutung für Neues Testament und Gnosis.* Band Ia. Der syrische Text der Edition in Estrangela Faksimile des griechischen Papyrus Bodmer XI. 68 Seiten. 1980.

Bd. 25/2 MICHAEL LATTKE: *Die Oden Salomos in ihrer Bedeutung für Neues Testament und Gnosis.* Band II. Vollständige Wortkonkordanz zur handschriftlichen, griechischen, koptischen, lateinischen und syrischen Überlieferung der Oden Salomos. Mit einem Faksimile des Kodex N. XVI–201 Seiten. 1979.

Bd. 25/3 MICHAEL LATTKE: *Die Oden Salomos in ihrer Bedeutung für Neues Testament und Gnosis.* Band III. XXXIV–478 Seiten. 1986.

Bd. 25/4 MICHAEL LATTKE: *Die Oden Salomos in ihrer Bedeutung für Neues Testament und Gnosis.* Band IV. XII–284 Seiten. 1998.

Bd. 46 ERIK HORNUNG: *Der ägyptische Mythos von der Himmelskuh.* Eine Ätiologie des Unvollkommenen. Unter Mitarbeit von Andreas Brodbeck, Hermann Schlögl und Elisabeth Staehelin und mit einem Beitrag von Gerhard Fecht. XII–129 Seiten, 10 Abbildungen. 1991. Dritte Auflage.

Bd. 50/1 DOMINIQUE BARTHÉLEMY: *Critique textuelle de l'Ancien Testament.* 1. Josué, Juges, Ruth, Samuel, Rois, Chroniques, Esdras, Néhémie, Esther. Rapport final du Comité pour l'analyse textuelle de l'Ancien Testament hébreu institué par l'Alliance Biblique Universelle, établi en coopération avec Alexander R. Hulst †, Norbert Lohfink, William D. McHardy, H. Peter Rüger, coéditeur, James A. Sanders, coéditeur. 812 pages. 1982.

Bd. 50/2 DOMINIQUE BARTHÉLEMY: *Critique textuelle de l'Ancien Testament.* 2. Isaïe, Jérémie, Lamentations. Rapport final du Comité pour l'analyse textuelle de l'Ancien Testament hébreu institué par l'Alliance Biblique Universelle, établi en coopération avec Alexander R. Hulst †, Norbert Lohfink, William D. McHardy, H. Peter Rüger, coéditeur, James A. Sanders, coéditeur. 1112 pages. 1986.

Bd. 50/3 DOMINIQUE BARTHÉLEMY: *Critique textuelle de l'Ancien Testament.* Tome 3. Ezéchiel, Daniel et les 12 Prophètes. Rapport final du Comité pour l'analyse textuelle de l'Ancien Testament hébreu institué par l'Alliance Biblique Universelle, établi en coopération avec Alexander R. Hulst †, Norbert Lohfink, William D. McHardy, H. Peter Rügert †, coéditeur, James A. Sanders, coéditeur. 1424 pages. 1992.

Bd. 53 URS WINTER: *Frau und Göttin.* Exegetische und ikonographische Studien zum weiblichen Gottesbild im Alten Israel und in dessen Umwelt. XVIII–928 Seiten, 520 Abbildungen.1983. 2. Auflage 1987. Mit einem Nachwort zur 2. Auflage.

Bd. 55 PETER FREI / KLAUS KOCH: *Reichsidee und Reichsorganisation im Perserreich.* 352 Seiten, 17 Abbildungen. 1996. Zweite, bearbeitete und erweiterte Auflage.

Bd. 67 OTHMAR KEEL / SILVIA SCHROER: *Studien zu den Stempelsiegeln aus Palästina/Israel.* Band I. 115 Seiten, 103 Abbildungen. 1985.

Bd. 71 HANS-PETER MATHYS: *Liebe deinen Nächsten wie dich selbst.* Untersuchungen zum alttestamentlichen Gebot der Nächstenliebe (Lev 19,18). XII–204 Seiten. 1986. 2. verbesserte Auflage 1990.

Bd. 85 ECKART OTTO: *Rechtsgeschichte der Redaktionen im Kodex Ešnunna und im «Bundesbuch».* Eine redaktionsgeschichtliche und rechtsvergleichende Studie zu altbabylonischen und altisraelitischen Rechtsüberlieferungen. 220 Seiten. 1989.

Bd. 86 ANDRZEJ NIWIŃSKI: *Studies on the Illustrated Theban Funerary Papyri of the 11th and 10th Centuries B.C.* 488 pages, 80 plates. 1989.

Bd. 87 URSULA SEIDL: *Die babylonischen Kudurru-Reliefs.* Symbole mesopotamischer Gottheiten. 236 Seiten, 33 Tafeln und 2 Tabellen. 1989.

Bd. 88 OTHMAR KEEL / HILDI KEEL-LEU / SILVIA SCHROER: *Studien zu den Stempelsiegeln aus Palästina/Israel.* Band II. 364 Seiten, 652 Abbildungen. 1989.

Bd. 89 FRIEDRICH ABITZ: *Baugeschichte und Dekoration des Grabes Ramses' VI.* 202 Seiten, 39 Abbildungen. 1989.

Bd. 90 JOSEPH HENNINGER SVD: *Arabica varia.* Aufsätze zur Kulturgeschichte Arabiens und seiner Randgebiete. Contributions à l'histoire culturelle de l'Arabie et de ses régions limitrophes. 504 pages. 1989.

Bd. 91 GEORG FISCHER: *Jahwe unser Gott.* Sprache, Aufbau und Erzähltechnik in der Berufung des Mose (Ex. 3–4). 276 Seiten. 1989.

Bd. 92 MARK A. O'BRIEN: *The Deuteronomistic History Hypothesis.* A Reassessment. 340 pages. 1989.

Bd. 93 WALTER BEYERLIN: *Reflexe der Amosvisionen im Jeremiabuch.* 120 Seiten. 1989.

Bd. 94 ENZO CORTESE: *Josua 13–21.* Ein priesterschriftlicher Abschnitt im deuteronomistischen Geschichtswerk. 136 Seiten. 1990.

Bd. 96 ANDRÉ WIESE: *Zum Bild des Königs auf ägyptischen Siegelamuletten.* 264 Seiten mit zahlreichen Abbildungen im Text und 32 Tafeln. 1990.

Bd. 97 WOLFGANG ZWICKEL: *Räucherkult und Räuchergeräte.* Exegetische und archäologische Studien zum Räucheropfer im Alten Testament. 372 Seiten. Mit zahlreichen Abbildungen im Text. 1990.

Bd. 98 AARON SCHART: *Mose und Israel im Konflikt.* Eine redaktionsgeschichtliche Studie zu den Wüstenerzählungen. 296 Seiten. 1990.

Bd. 99 THOMAS RÖMER: *Israels Väter.* Untersuchungen zur Väterthematik im Deuteronomium und in der deuteronomistischen Tradition. 664 Seiten. 1990.

Bd. 100 OTHMAR KEEL / MENAKHEM SHUVAL / CHRISTOPH UEHLINGER: *Studien zu den Stempelsiegeln aus Palästina / Israel* Band III. Die Frühe Eisenzeit. Ein Workshop. XIV–456 Seiten. Mit zahlreichen Abbildungen im Text und 22 Tafeln. 1990.

Bd. 101 CHRISTOPH UEHLINGER: *Weltreich und «eine Rede».* Eine neue Deutung der sogenannten Turmbauerzählung (Gen 11,1–9). XVI–654 Seiten.1990.

Bd. 103 ADRIAN SCHENKER: *Text und Sinn im Alten Testament.* Textgeschichtliche und bibeltheologische Studien. VIII–312 Seiten. 1991.

Bd. 104 DANIEL BODI: *The Book of Ezekiel and the Poem of Erra.* IV–332 pages. 1991.

Bd. 105 YUICHI OSUMI: *Die Kompositionsgeschichte des Bundesbuches Exodus 20,22b–23,33.* XII–284 Seiten. 1991.

Bd. 106 RUDOLF WERNER: *Kleine Einführung ins Hieroglyphen-Luwische.* XII–112 Seiten. 1991.

Bd. 107 THOMAS STAUBLI: *Das Image der Nomaden im Alten Israel und in der Ikonographie seiner sesshaften Nachbarn.* XII–408 Seiten. 145 Abb. und 3 Falttafeln. 1991.

Bd. 108 MOSHÉ ANBAR: *Les tribus amurrites de Mari.* VIII–256 pages. 1991.

Bd. 109 GÉRARD J. NORTON / STEPHEN PISANO (eds.): *Tradition of the Text.* Studies offered to Dominique Barthélemy in Celebration of his 70th Birthday. 336 pages. 1991.

Bd. 110 HILDI KEEL-LEU: *Vorderasiatische Stempelsiegel.* Die Sammlung des Biblischen Instituts der Universität Freiburg Schweiz. 180 Seiten. 24 Tafeln. 1991.

Bd. 111 NORBERT LOHFINK: *Die Väter Israels im Deuteronomium.* Mit einer Stellungnahme von Thomas Römer. 152 Seiten. 1991.

Bd. 113 CHARLES MAYSTRE: *Les grands prêtres de Ptah de Memphis.* XIV–474 pages, 2 planches. 1992.

Bd. 114 THOMAS SCHNEIDER: *Asiatische Personennamen in ägyptischen Quellen des Neuen Reiches.* 480 Seiten. 1992.

Bd. 115 ECKHARD VON NORDHEIM: *Die Selbstbehauptung Israels in der Welt des Alten Orients.* Religionsgeschichtlicher Vergleich anhand von Gen 15/22/28, dem Aufenthalt Israels in Ägypten, 2 Sam 7, 1 Kön 19 und Psalm 104. 240 Seiten. 1992.

Bd. 116 DONALD M. MATTHEWS: *The Kassite Glyptic of Nippur.* 208 pages, 210 figures. 1992.

Bd. 117 FIONA V. RICHARDS: *Scarab Seals from a Middle to Late Bronze Age Tomb at Pella in Jordan.* XII–152 pages, 16 plates. 1992.

Bd. 118 YOHANAN GOLDMAN: *Prophétie et royauté au retour de l'exil.* Les origines littéraires de la forme massorétique du livre de Jérémie. XIV–270 pages. 1992.

Bd. 119 THOMAS M. KRAPF: *Die Priesterschrift und die vorexilische Zeit.* Yehezkel Kaufmanns vernachlässigter Beitrag zur Geschichte der biblischen Religion. XX–364 Seiten. 1992.

Bd. 120 MIRIAM LICHTHEIM: *Maat in Egyptian Autobiographies and Related Studies.* 236 pages, 8 plates. 1992.

Bd. 121 ULRICH HÜBNER: *Spiele und Spielzeug im antiken Palästina.* 256 Seiten. 58 Abbildungen. 1992.

Bd. 122 OTHMAR KEEL: *Das Recht der Bilder, gesehen zu werden.* Drei Fallstudien zur Methode der Interpretation altorientalischer Bilder. 332 Seiten, 286 Abbildungen. 1992.

Bd. 123 WOLFGANG ZWICKEL (Hrsg.): *Biblische Welten.* Festschrift für Martin Metzger zu seinem 65. Geburtstag. 268 Seiten, 19 Abbildungen. 1993.

Bd. 125 BENJAMIN SASS / CHRISTOPH UEHLINGER (eds.): *Studies in the Iconography of Northwest Semitic Inscribed Seals.* Proceedings of a symposium held in Fribourg on April 17–20, 1991. 368 pages, 532 illustrations. 1993.

Bd. 126 RÜDIGER BARTELMUS / THOMAS KRÜGER / HELMUT UTZSCHNEIDER (Hrsg.): *Konsequente Traditionsgeschichte.* Festschrift für Klaus Baltzer zum 65. Geburtstag. 418 Seiten. 1993.

Bd. 127 ASKOLD I. IVANTCHIK: *Les Cimmériens au Proche-Orient.* 336 pages. 1993.

Bd. 128 JENS VOSS: *Die Menora.* Gestalt und Funktion des Leuchters im Tempel zu Jerusalem. 124 Seiten. 1993.

Bd. 129 BERND JANOWSKI / KLAUS KOCH / GERNOT WILHELM (Hrsg.): *Religionsgeschichtliche Beziehungen zwischen Kleinasien, Nordsyrien und dem Alten Testament.* Internationales Symposion Hamburg 17.–21. März 1990. 572 Seiten. 1993.

Bd. 130 NILI SHUPAK: *Where can Wisdom be found?* The Sage's Language in the Bible and in Ancient Egyptian Literature. XXXII–516 pages. 1993.

Bd. 131 WALTER BURKERT / FRITZ STOLZ (Hrsg.): *Hymnen der Alten Welt im Kulturvergleich.* 134 Seiten. 1994.

Bd. 132 HANS-PETER MATHYS: *Dichter und Beter.* Theologen aus spätalttestamentlicher Zeit. 392 Seiten. 1994.

Bd. 133 REINHARD G. LEHMANN: *Friedrich Delitzsch und der Babel-Bibel-Streit.* 472 Seiten, 13 Tafeln. 1994.

Bd. 135 OTHMAR KEEL: *Studien zu den Stempelsiegeln aus Palästina/Israel.* Band IV. Mit Registern zu den Bänden I–IV. XII–340 Seiten mit Abbildungen, 24 Seiten Tafeln. 1994.

Bd. 136 HERMANN-JOSEF STIPP: *Das masoretische und alexandrinische Sondergut des Jeremiabuches.* Textgeschichtlicher Rang, Eigenarten, Triebkräfte. VII–196 Seiten. 1994.

Bd. 137 PETER ESCHWEILER: *Bildzauber im alten Ägypten.* Die Verwendung von Bildern und Gegenständen in magischen Handlungen nach den Texten des Mittleren und Neuen Reiches. X–380 Seiten, 28 Seiten Tafeln. 1994.

Bd. 138 CHRISTIAN HERRMANN: *Ägyptische Amulette aus Palästina/Israel.* Mit einem Ausblick auf ihre Rezeption durch das Alte Testament. XXIV–1000 Seiten, 70 Seiten Bildtafeln. 1994

Bd. 140 IZAK CORNELIUS: *The Iconography of the Canaanite Gods Reshef and Ba'al.* Late Bronze and Iron Age I Periods (c 1500–1000 BCE). XII–326 pages with illustrations, 56 plates. 1994.

Bd. 141 JOACHIM FRIEDRICH QUACK: *Die Lehren des Ani.* Ein neuägyptischer Weisheitstext in seinem kulturellen Umfeld. X–344 Seiten, 2 Bildtafeln. 1994.

Bd. 142 ORLY GOLDWASSER: *From Icon to Metaphor.* Studies in the Semiotics of the Hieroglyphs. X–194 pages. 1995.

Bd. 143 KLAUS BIEBERSTEIN: *Josua-Jordan-Jericho.* Archäologie, Geschichte und Theologie der Landnahmeerzählungen Josua 1–6. XII–494 Seiten. 1995.

Bd. 144 CHRISTL MAIER: *Die «fremde Frau» in Proverbien 1–9.* Eine exegetische und sozialgeschichtliche Studie. XII–304 Seiten. 1995.

Bd. 145 HANS ULRICH STEYMANS: *Deuteronomium 28 und die* adê *zur Thronfolgeregelung Asarhaddons.* Segen und Fluch im Alten Orient und in Israel. XII–436 Seiten. 1995.

Bd. 146 FRIEDRICH ABITZ: *Pharao als Gott in den Unterweltsbüchern des Neuen Reiches.* VIII–228 Seiten. 1995.

Bd. 147 GILLES ROULIN: *Le Livre de la Nuit. Une composition égyptienne de l'au-delà.* Ire partie: traduction et commentaire. XX–420 pages. IIe partie: copie synoptique. X–169 pages, 21 planches. 1996.

Bd. 148 MANUEL BACHMANN: *Die strukturalistische Artefakt- und Kunstanalyse.* Exposition der Grundlagen anhand der vorderorientalischen, ägyptischen und griechischen Kunst. 88 Seiten mit 40 Abbildungen. 1996.

Bd. 150 ELISABETH STAEHELIN / BERTRAND JAEGER (Hrsg.): *Ägypten-Bilder.* Akten des «Symposions zur Ägypten-Rezeption», Augst bei Basel, vom 9.–11. September 1993. 384 Seiten Text, 108 Seiten mit Abbildungen. 1997.

Bd. 151 DAVID A. WARBURTON: *State and Economy in Ancient Egypt.* Fiscal Vocabulary of the New Kingdom. 392 pages. 1996.

Bd. 152 FRANÇOIS ROSSIER SM: *L'intercession entre les hommes dans la Bible hébraïque.* L'intercession entre les hommes aux origines de l'intercession auprès de Dieu. 408 pages. 1996.

Bd. 153 REINHARD GREGOR KRATZ / THOMAS KRÜGER (Hrsg.): *Rezeption und Auslegung im Alten Testament und in seinem Umfeld.* Ein Symposion aus Anlass des 60. Geburtstags von Odil Hannes Steck. 148 Seiten. 1997.

Bd. 154 ERICH BOSSHARD-NEPUSTIL: *Rezeptionen von Jesaja 1–39 im Zwölfprophetenbuch.* Untersuchungen zur literarischen Verbindung von Prophetenbüchern in babylonischer und persischer Zeit. XIV–534 Seiten. 1997.

Bd. 155 MIRIAM LICHTHEIM: *Moral Values in Ancient Egypt.* 136 pages. 1997.

Bd. 156 ANDREAS WAGNER (Hrsg.): *Studien zur hebräischen Grammatik.* VIII–212 Seiten. 1997.

Bd. 157 OLIVIER ARTUS: *Etudes sur le livre des Nombres.* Récit, Histoire et Loi en Nb 13,1–20,13. X–310 pages. 1997.

Bd. 158 DIETER BÖHLER: *Die heilige Stadt in Esdras α und Esra-Nehemia.* Zwei Konzeptionen der Wiederherstellung Israels. XIV–464 Seiten. 1997.

Bd. 159 WOLFGANG OSWALD: *Israel am Gottesberg.* Eine Untersuchung zur Literargeschichte der vorderen Sinaiperikope Ex 19–24 und deren historischem Hintergrund. X–300 Seiten. 1998.

Bd. 160/1 JOSEF BAUER / ROBERT K. ENGLUND / MANFRED KREBERNIK: *Mesopotamien: Späturuk-Zeit und Frühdynastische Zeit.* Annäherungen 1. Herausgegeben von Pascal Attinger und Markus Wäfler. 640 Seiten. 1998.

Bd. 160/3 WALTHER SALLABERGER / AAGE WESTENHOLZ: *Mesopotamien: Akkade-Zeit und Ur III-Zeit.* Annäherungen 3. Herausgegeben von Pascal Attinger und Markus Wäfler. 424 Seiten. 1999.

Bd. 161 MONIKA BERNETT / OTHMAR KEEL: *Mond, Stier und Kult am Stadttor.* Die Stele von Betsaida (et-Tell). 175 Seiten mit 121 Abbildungen. 1998.

Bd. 162 ANGELIKA BERLEJUNG: *Die Theologie der Bilder.* Herstellung und Einweihung von Kultbildern in Mesopotamien und die alttestamentliche Bilderpolemik. 1998. XII–560 Seiten. 1998.

Bd. 163 SOPHIA K. BIETENHARD: *Des Königs General.* Die Heerführertraditionen in der vorstaatlichen und frühen staatlichen Zeit und die Joabgestalt in 2 Sam 2–20; 1 Kön 1–2. 388 Seiten. 1998.

Bd. 164 JOACHIM BRAUN: *Die Musikkultur Altisraels/Palästinas.* Studien zu archäologischen, schriftlichen und vergleichenden Quellen. XII–372 Seiten, 288 Abbildungen. 1999.

Bd. 165 SOPHIE LAFONT: *Femmes, Droit et Justice dans l'Antiquité orientale.* Contribution à l'étude du droit pénal au Proche-Orient ancien. XVI–576 pages. 1999.

Bd. 166 ESTHER FLÜCKIGER-HAWKER: *Urnamma of Ur in Sumerian Literary Tradition.* XVIII–426 pages, 25 plates. 1999.

Bd. 167 JUTTA BOLLWEG: *Vorderasiatische Wagentypen.* Im Spiegel der Terracottaplastik bis zur Altbabylonischen Zeit. 160 Seiten und 68 Seiten Abbildungen. 1999.

Bd. 168 MARTIN ROSE: *Rien de nouveau.* Nouvelles approches du livre de Qohéleth. Avec une bibliographie (1988–1998) élaborée par Béatrice Perregaux Allisson. 648 pages. 1999.

Bd. 169 MARTIN KLINGBEIL: *Yahweh Fighting from Heaven.* God as Warrior and as God of Heaven in the Hebrew Psalter and Ancient Near Eastern Iconography. XII–374 pages. 1999.

Bd. 170 BERND ULRICH SCHIPPER: *Israel und Ägypten in der Königszeit.* Die kulturellen Kontakte von Salomo bis zum Fall Jerusalems. 344 Seiten und 24 Seiten Abbildungen. 1999.

Bd. 171 JEAN-DANIEL MACCHI: *Israël et ses tribus selon Genèse 49.* 408 pages. 1999.

Bd. 172 ADRIAN SCHENKER: *Recht und Kult im alten Testament.* Achtzehn Studien. 232 Seiten. 2000.

Bd. 173 GABRIELE THEUER: *Der Mondgott in den Religionen Syrien-Palästinas.* Unter besonderer Berücksichtigung von KTU 1.24. XVI–658 Seiten und 11 Seiten Abbildungen. 2000.

Bd. 174 CATHIE SPIESER: *Les noms du Pharaon comme êtres autonomes au Nouvel Empire.* XII–304 et 108 pages d'illustrations. 2000.

Bd. 175 CHRISTOPH UEHLINGER (ed.): *Images as media* – Sources for the cultural history of the Near East and the Eastern Mediterranean (Ist millennium BCE). Proceedings of an international symposium held in Fribourg on November 25-29, 1997. XXXII–424 pages with 178 figures, 60 plates. 2000.

Bd. 176 ALBERT DE PURY/THOMAS RÖMER (Hrsg.): *Die sogenannte Thronfolgegeschichte Davids.* Neue Einsichten und Anfragen. 212 Seiten. 2000.

Bd. 177 JÜRG EGGLER: *Influences and Traditions Underlying the Vision of Daniel 7:2-14.* The Research History from the End of the 19th Century to the Present. VIII-156 pages. 2000.

Bd. 178 OTHMAR KEEL / URS STAUB: *Hellenismus und Judentum.* Vier Studien zu Daniel 7 und zur Religionsnot unter Antiochus IV. XII–164 Seiten. 2000.

Weitere Informationen zur Reihe OBO: http://www.unifr.ch/bif/obo/obo.html

UNIVERSITÄTSVERLAG FREIBURG SCHWEIZ
ÉDITIONS UNIVERSITAIRES FRIBOURG SUISSE

ORBIS BIBLICUS ET ORIENTALIS, SERIES ARCHAEOLOGICA

Bd. 1 JACQUES BRIEND / JEAN-BAPTISTE HUMBERT (Ed.): *Tell Keisan (1971–1976). une cité phénicienne en Galilée.* 392 pages, 142 planches. 1980.

Bd. 2 BERTRAND JAEGER: *Essai de classification et datation des scarabées Menkhéperrê.* 455 pages avec 1007 illustrations, 26 planches avec 443 figures. 1982.

Bd. 3 RAPHAEL GIVEON: *Egyptian Scarabs from Western Asia from the Collections of the British Museum.* 202 pages, 457 figures. 1985.

Bd. 4 SEYYARE EICHLER / MARKUS WÄFLER: *Tall al-Ḥamīdīya 1.* Vorbericht 1984. 360 Seiten, 104 Tafeln, 4 Seiten Illustrationen, 4 Faltpläne, 1 vierfarbige Tafel. 1985.

Bd. 5 CLAUDIA MÜLLER-WINKLER: *Die ägyptischen Objekt-Amulette.* Mit Publikation der Sammlung des Biblischen Instituts der Universität Freiburg Schweiz, ehemals Sammlung Fouad S. Matouk. 590 Seiten, 40 Tafeln. 1987.

Bd. 6 SEYYARE EICHLER / MARKUS WÄFLER / DAVID WARBURTON: *Tall al-Ḥamīdīya 2.* Symposium Recent Excavations in the Upper Khabur Region. 492 Seiten, 20 Seiten Illustrationen, 2 Falttafeln, 1 vierfarbige Tafel. 1990.

Bd. 7 HERMANN A. SCHLÖGL / ANDREAS BRODBECK: *Ägyptische Totenfiguren aus öffentlichen und privaten Sammlungen der Schweiz.* 356 Seiten mit 1041 Photos. 1990.

Bd. 8 DONALD M. MATTHEWS: *Principles of composition in Near Eastern glyptic of the later second millennium B.C.* 176 pages, 39 pages with drawings, 14 plates. 1990.

Bd. 9 CLAUDE DOUMET: *Sceaux et cylindres orientaux: la collection Chiha.* Préface de Pierre Amiet. 220 pages, 24 pages d'illustrations. 1992.

Bd. 10 OTHMAR KEEL: *Corpus der Stempelsiegel-Amulette aus Palästina/Israel.* Von den Anfängen bis zur Perserzeit. Einleitung. 376 Seiten mit 603 Abbildungen im Text. 1995.

Bd. 11 BEATRICE TEISSIER: *Egyptian Iconography on Syro-Palestinian Cylinder Seals of the Middle Bronze Age.* XII–224 pages with numerous illustrations, 5 plates. 1996.

Bd. 12 ANDRÉ B. WIESE: *Die Anfänge der ägyptischen Stempelsiegel-Amulette.* Eine typologische und religionsgeschichtliche Untersuchung zu den «Knopfsiegeln» und verwandten Objekten der 6. bis frühen 12. Dynastie. XXII–366 Seiten mit 1426 Abbildungen. 1996.

Bd. 13 OTHMAR KEEL: *Corpus der Stempelsiegel-Amulette aus Palästina/Israel.* Von den Anfängen bis zur Perserzeit. Katalog Band I. Von Tell Abu Farağ bis 'Atlit. VIII–808 Seiten mit 375 Phototafeln. 1997.

Bd. 14 PIERRE AMIET / JACQUES BRIEND / LILIANE COURTOIS / JEAN-BERNARD DUMORTIER: *Tell el Far'ah.* Histoire, glyptique et céramologique. 100 pages. 1996.

Bd. 15 DONALD M. MATTHEWS: *The Early Glyptic of Tell Brak.* Cylinder Seals of Third Millennium Syria. XIV–312 pages, 59 plates. 1997.

Bd. 16 SHUA AMORAI-STARK: *Wolfe Family Collection of Near Eastern Prehistoric Stamp Seals.* 216 pages. 1998.

Bd. 17 OLEG BERLEV / SVETLANA HODJASH: *Catalogue of the Monuments of Ancient Egypt.* From the Museums of the Russian Federation, Ukraine, Bielorussia, Caucasus, Middle Asia and the Baltic States. XIV–336 pages, 208 plates. 1998.

Bd. 18 ASTRID NUNN: *Der figürliche Motivschatz Phöniziens, Syriens und Transjordaniens vom 6. bis zum 4. Jahrhundert v. Chr.* 280 Seiten und 92 Seiten Illustrationen. 2000.

Bd. 19 ANDREA M. BIGNASCA: *I kernoi circolari in Oriente e in Occidente.* Strumenti di culto e immagini cosmiche. XII–328 Seiten, Tafeln und Karten inbegriffen. 2000.

UNIVERSITÄTSVERLAG FREIBURG SCHWEIZ
ÉDITIONS UNIVERSITAIRES FRIBOURG SUISSE

INSTITUT BIBLIQUE DE L'UNIVERSITÉ DE FRIBOURG EN SUISSE

L'Institut biblique de l'Université de Fribourg en Suisse offre la possibilité d'acquérir un

certificat de spécialisation
CRITIQUE TEXTUELLE ET HISTOIRE DU TEXTE ET DE L'EXÉGÈSE DE L'ANCIEN TESTAMENT

(Spezialisierungszeugnis Textkritik und Geschichte des Textes und der Interpretation des Alten Testamentes)

en une année académique (octobre à juin). Toutes les personnes ayant obtenu une licence en théologie ou un grade académique équivalent peuvent en bénéficier.

Cette année d'études peut être organisée

- ☞ autour de la critique textuelle proprement dite (méthodes, histoire du texte, instruments de travail, édition critique de la Bible);
- ☞ autour des témoins principaux du texte biblique (texte masorétique et masore, textes bibliques de Qumran, Septante, traductions hexaplaires, Vulgate, Targoums) et leurs langues (hébreu, araméen, grec, latin, syriaque, copte), enseignées en collaboration avec les chaires de patrologie et d'histoire ancienne, ou
- ☞ autour de l'histoire de l'exégèse juive (en hébreu et en judéo-arabe) et chrétienne (en collaboration avec la patrologie et l'histoire de l'Eglise).

L'Institut biblique dispose d'une bibliothèque spécialisée dans ces domaines. Les deux chercheurs de l'Institut biblique consacrés à ces travaux sont Adrian Schenker et Yohanan Goldman.

Pour l'obtention du certificat, deux examens annuels, deux séminaires et un travail écrit équivalent à un article sont requis. Les personnes intéressées peuvent obtenir des informations supplémentaires auprès du Curateur de l'Institut biblique:

Prof. Dr. Adrian Schenker
Institut Biblique
Université, Miséricorde
CH-1700 Fribourg / Suisse
Fax +41 – (0)26 – 300 9754

Zusammenfassung

Die vier Studien weisen hellenistische Einflüsse auf judäische Texte und Ereignisse des 2. Jhs. v. Chr. nach, bei denen bisher kaum solche vermutet wurden.

In den konzentrisch organisierten Kapiteln Dan 2–7 spielt in den Kernkapiteln 4–5 und im berühmten Kapitel 7 der Gegensatz «Mensch – Tier» eine zentrale Rolle. Die Thematik ist nicht altorientalisch, sondern entstammt der aristotelischen und stoischen Philosophie.

Die zweite Studie weist nach, dass das Modell des geheimnisvollen vierten Tiers in Dan 7 der seleukidische Kriegselefant ist.

Die dritte Studie will aufzeigen, dass die Straf- und Reformmassnahmen Antiochus' IV. von der hellenistischen Idee der zwei Gesichter des Judentums inspiriert war, einem bewunderten (Monotheismus, Bildlosigkeit) und einem verachteten (Speisetabus, Beschneidung). Sie wollte das beseitigen, was sie als Depravation betrachtete. Der berühmte «Greuel der Verwüstung» hat nichts mit Baal Schamem zu tun, sondern evoziert die vom Judentum perhorreszierten Schweineopfer.

Die vierte Studie demonstriert, dass 1 Makk 2 nichts mit der Ereignisgeschichte zu tun hat, sehr viel aber mit der Rechtfertigung problematischer Positionen der hasmonäischen Bewegung.

Summary

The four studies demonstrate the impact of Hellenism on Judean events and texts of the second century BC where thus far no such influence was supposed.

Within the chiastic structure of Dan. 2–7 chapters 4 and 5 form the centre. In these chapters and in the famous chapter 7 the contrast «man – animal» plays a vital part. This contrast is not typical of the ancient Near East but rather a theme of Aristotelian and stoic philosophy.

The second study demonstrates that the Seleucid war-elephant served as a model for the enigmatic fourth animal in Dan. 7.

The third study wants to show that the measures taken by Antiochus IV against rebellious Jerusalem were partly a punishment, partly a kind of reform along the line drawn by Hellenistic writers who distinguish between an admired side of Judaism (monotheism, aniconism) and a contempted one (dietary taboos, circumcision). The Seleucid measures wanted to abolish what according to this view was considered as a depravation. The famous «abomination of desolation» has nothing to do with Baal Shamem but evokes swine sacrifices abhorred by traditional Judaism.

The fourth study demonstrates that 1 Macc. 2 does not refer to an historical event. It justifies and legitimizes a series of problematic stances of the Hasmonean movement.